《环球人物》杂志社 主编

历史的印迹

党代会不为人知的幕后细节

人民东方出版传媒
People's Oriental Publishing & Media
东方出版社
The Oriental Press

图书在版编目（CIP）数据

历史的印迹／《环球人物》杂志社主编. —北京：东方出版社，2023.4
ISBN 978-7-5207-3342-7

Ⅰ.①历… Ⅱ.①环… Ⅲ.①中国共产党 – 党员 – 先进事迹 Ⅳ.①D263

中国国家版本馆CIP数据核字（2023）第035445号

历史的印迹
（LISHI DE YINJI）

主　　编：《环球人物》杂志社
责任编辑：张洪雪
出　　版：东方出版社
发　　行：人民东方出版传媒有限公司
地　　址：北京市东城区朝阳门内大街166号
邮政编码：100010
印　　刷：北京文昌阁彩色印刷有限责任公司
版　　次：2023年4月第1版
印　　次：2023年4月北京第1次印刷
开　　本：710毫米×1000毫米　1/16
印　　张：11.5
字　　数：160千字
书　　号：ISBN 978-7-5207-3342-7
定　　价：59.80元
发行电话：（010）85924663　85924644　85924641

目录

封入土墙的照片

"可惜了！可惜了！尽美的遗物全被土匪抢走了，只剩下……"20世纪50年代初，山东诸城枳沟镇大北杏村，面对政府派来的两位工作人员，一位老太太激动不已，蹒跚着走向一面土墙。

"尽美啊，娘的儿，出来吧……"她用手一块一块地抠下墙皮，取出一个纸包，小心翼翼地打开，里面是一张照片。这是一位男青年的半身像，平头、长衫，看起来20多岁，目光中却有着超越年龄的沉着从容。

他就是中国共产党创始人之一，中共一大和二大代表王尽美。

▲王尽美（1898—1925），原名王瑞俊，山东人。中国共产党创始人之一，无产阶级革命家。

来自山东的"王大耳"

"王尽美耳朵大，长方脸，细高挑，说话沉着大方，很有口才，大伙都亲切地叫他'王大耳'。"

这是毛泽东主席对王尽美的回忆。两人初次见面是 1921 年，在中国共产党第一次全国代表大会上。当时王尽美 23 岁，是山东党组织的代表。1936 年，美国记者斯诺到延安采访，毛泽东在和他谈到中共早期创始人时，说："王尽美和邓恩铭是山东支部的创始人。"

王尽美原名王瑞俊，出生于 1898 年，家境贫苦。小时候过年，他看到地主家张灯结彩、杀猪宰羊，问母亲："地主家为什么那么富？"母亲说："人家命好，咱穷人命苦。"王尽美说："那咱和他们换命行不？"

"在中共一大代表中，王尽美出身最贫穷。"王尽美之孙、山东诸城王尽美研究会副会长王军对记者说，"他对底层劳动人民的悲惨境遇有深切体会。在后来的革命活动中，他投入了极大的热情和行动力，其中寄托着他要为穷人寻找出路的理想。"

因为家贫，爱读书的王尽美多次失学，历尽坎坷才读完了初小。1913年，他因为成绩优异，获得了免费就读枳沟高小的机会。在这所新式小学的课堂上，王尽美第一次听老师讲述了黄花岗七十二烈士、铁路风潮、武昌起义等事件，并对政治书刊产生了浓厚兴趣。

1915 年，王尽美高小毕业，回到家乡务农，并由母亲做主成了家。但他仍想继续读书，见识更广阔的世界，憧憬着"把我四万万同胞的腐败脑筋洗刷干净，更换上光明纯洁的思想"。

1918 年，王尽美以第一名的成绩考入山东省立第一师范学校北园分校读预科，入校不久便展现了出众的组织能力。一年后，五四运动在全国范围内爆发，王尽美被同学们推选为学校代表，组织集会、游行。据参与者回忆，当时的王尽美身穿校服，胸前斜披着写有"还我河山"字样的白布条，在街头慷慨陈词。其间，他认识了山东省立第一中学的学生邓恩铭，两个志同道合的年轻人迅速成了好友。

1920 年初，李大钊在北京成立了马克思学说研究会。王尽美闻讯，即借代表山东学生去北大联系事宜之机前往北大。经罗章龙介绍，他拜访了神往已久的李大钊，两人相谈甚欢。在北大期间，王尽美结识了许多早期共产主义者，阅读了许多在李大钊组织领导下翻译的马克思主义经典著作，并成为马克思学说研究会第一批外埠通讯会员之一。

"尽善尽美唯解放"

1921 年初，经北京、上海共产主义小组帮助，王尽美等发起成立了济南共产党早期组织。同年 6 月，济南党组织收到即将召开中共一大的通知，决定派王尽美与邓恩铭出席。两人出发前，北京党小组的代表张国焘路过济南，王尽美召集了 8 名济南党组织成员，与张国焘畅谈了一天。张国焘曾回忆："他们向我提出许多问题，不厌其详地要我讲解。他们一面听，一面记录要点，并商谈如何执行。"随后，王尽美与邓恩铭乘火车抵达上海。一大召开第二天，王尽美汇报了济南党组织的组建过程，并针对当时的形势和任务阐述了自己的观点。

会议期间，王尽美逐一拜访了每位代表，畅谈对马克思主义的认识。武汉代表陈潭秋曾回忆："王（尽美）、邓（恩铭）两同志那时是两个最活泼的青年……"张国焘回忆："王尽美参加一大时，仍本着学习的精神贪婪地阅读有关材料，有时且向到会的代表们请教。"

最后一天的会议是在嘉兴南湖的游船上进行的。代表们带着乐器、麻将牌作掩护。会议间隙，王尽美用笛子吹起了《渔家乐》《步步高》等乐曲。

中国共产党的建立，让王尽美更加坚定了信仰和信心。参加一大后，他将自己的名字瑞俊改为尽美，并写了一首诗："贫富阶级见疆场，尽善尽美唯解放。潍水泥沙统入海，乔有麓下看沧桑。"

回到山东，王尽美常常在夜间出校参加革命活动，不久被校方以"不务正业、破坏校规"为由开除。但王尽美仍坚持在校园内宣进步思想。1921年11月，他组织成立了以"研究学理，促进文化"为宗旨的励新学会，出版《励新》杂志，宣传新思想、介绍马克思主义理论。

"君与恩铭不老松"

"在一大代表里，王尽美是行动派、实践派。虽然他的生命短暂，但在传播马克思主义、发展党组织、发动工人运动等方面，都积极付诸行动了。"王军说。

1921年6月，王尽美成立了山东第一个工会组织——济南大槐树机车厂工人俱乐部，这对推动铁路工人运动和全国工人的联合斗争起到了积极作用。1922年7月，王尽美同邓中夏、毛泽东等人共同起草了《中国劳动法大纲》，成为中国共产党早期领导工人运动的行动纲领。随后，王尽美与邓恩铭又以山东代表的身份出席了中共第二次全国代表大会。当时与王尽美同住一室的罗章龙对他的印象是："很有抱负，谦虚好学，诚挚亲切""生活极其简朴""生平行谊，重研究务笃实，宣传与组织均为其所特长"。

那段时间，王尽美组织了多次工人运动。一有空闲，他就去济南闹市区或大明湖畔演讲，常穿一身月白色长袍，言语亲切，讲的道理通俗易懂，引得许多人围观。他还将《苏武牧羊》的曲调填上自己创作的歌词，四处弹唱："工人白劳动，厂主吸血虫。工人无政权，世道太不公。工人站起来，革命打先锋。"

有一次，王尽美从天津回济南，特意乘坐最便宜的闷罐车，因为那里多是中下层民众。他一路宣讲革命道理，每到一站就讲一遍，讲累了就拉一阵随身携带的胡琴，吸引了一拨又一拨乘客。

由于艰苦的物质生活，王尽美"奔波终日，恒不得饱食，有时日食一餐"，26 岁时患上了肺结核，很快便发展到咳血昏倒的程度。1925 年 8 月，王尽美病危。离世前，他没有向家人交代后事，而是请青岛党组织负责人记录遗嘱："全体同志要好好工作，为无产阶级和全人类的解放和共产主义的彻底实现而奋斗到底！"过目后，王尽美在遗嘱上按下了自己的手印，终年 27 岁。

在山东老家，王尽美还有奶奶、母亲、妻子及两个幼儿。三代寡妇拉扯着两个孩子相依为命。4 年后，王尽美的妻子和奶奶相继过世，只剩下母亲刘氏一人独自抚养两个孙子。多年后，王尽美的两个儿子王乃征、王乃恩也都走上了革命道路。

儿子早逝后，王尽美母亲时时想念自己的儿子。为了保存儿子遗物，她特意把珍藏的唯一一张王尽美照片包好，仔细藏到土墙破洞中，还在外面糊上一层泥巴作为掩护，躲过了土匪的抢掠。之后，她再也没有取出这张照片，直到全国解放。

1949 年，毛泽东对参加第一届政协会议的山东代表马保三说："革命胜利了，不能忘记老同志。你们山东要把王尽美、邓恩铭烈士的历史搞好，要收集他们的遗物。"王军告诉记者："当年工作人员取走我爷爷照片后，马上回济南进行修复，找了最好的照相馆和技术最好的师傅。修好后交给马保三带回了北京。

之后几十年，这张照片先后由王军的父亲、叔叔、堂兄保管。改革开放后，家属们觉得应该交给组织上，把照片寄给了山东省委，由济南烈士陵园保管。在王军看来，这张照片就是中国共产党百年奋斗牺牲的缩影。

1961 年，一大代表董必武乘火车经过山东，想起往事，写下《忆王尽美同志》："四十年前会上逢，南湖舟泛语从容。济南名士知多少，君与恩铭不老松。"

（文／尹洁）

王会悟的灶台

这是一处典型的上海石库门建筑——西式联排房屋组成的弄堂，合围起来又带着中国传统民居的特点，青砖墙壁、红砖门框，弄堂门口恰似一个中西合璧的石头牌楼，上面写着三个大字——辅德里。

辅德里 625 号（今上海市静安区老成都北路7 弄 30 号），有三重身份——中国共产党第二次全国代表大会召开地、中国共产党第一个秘密出版机构（人民出版社）所在地、中国共产党创始人之一李达与妻子王会悟的家。

1921 年 4 月，李达与王会悟在上海举行了婚礼，之后搬进了位于辅德里 625 号的房子，1922年 11 月离开。在这里，李达筹备中共一大、创建人民出版社、创办上海平民女校、发动工人运动、参加中共二大……王会悟作为他的伴侣、同志和助手，做了大量辅助工作。

▲ 王会悟（1898—1993），浙江桐乡人。1920 年加入上海社会主义青年团。

"怎么办？我想法子"

辅德里 625 号是两层立帖式砖木结构房屋，一楼是客堂、楼梯间和灶间，加起来的面积有 60 多平方米。

"灶间是老上海石库门里最具烟火气的地方，同时也隐藏着一段惊心动魄的故事。"中共二大会址纪念馆副馆长尤玮对记者介绍道。目前纪念馆一楼的灶间是按照当年的状态复原的，里面有王会悟烧饭的灶台，灶台旁堆满了稻草和木柴。

"灶间的楼上就是李达、王会悟的卧室兼书房，也是由李达创办的中共第一个秘密出版机构——人民出版社的原址。"尤玮说。

在北洋军阀的统治下，出版马克思主义著作和其他革命理论书籍是非法的。为了安全，李达夫妇把重要文件、印刷器材藏在灶台旁边的柴火堆里，一旦遇到紧急情况，就把印刷物放进灶台里烧毁。

在这种环境下，李达仍然翻译了大量革命理论书籍和文章，包括《从科学的社会主义到行动的社会主义》《唯物史观解说》《社会问题总览》等，并撰写了《马克思派社会主义》《无政府主义之解剖》《五一运动》等文章。短短一年内，人民出版社出版了十几种革命理论书籍。除了译注书稿外，编辑、付印、校对、发行都由李达承担。

1921 年春，李达、李汉俊与在广州的陈独秀、在北京的李大钊通过书信商议，决定当年 7 月在上海召开一大。为了保证大会如期召开，李达、李汉俊给各地中共早期组织寄信、寄路费。但开会地点选在上海哪里、代表们的食宿如何解决、安全如何保障等问题，也需要花费大量精力去安排。

▲上海静安区老成都北路附近，中共二大会址纪念馆。

李达把这些事情交给了妻子。一方面他相信王会悟的能力，另一方面，女性相对来说不太容易引起当局和探子们的注意。

果然，在艰难的条件下，王会悟把繁琐的会务工作安排得井井有条。从小经历的磨难和早早进入社会的历练，让这位外表斯文柔弱的江南女子拥有强大而坚韧的内心。她常说的一句话是："怎么办？我想法子。"

在会议地点的选择上，王会悟建议就在李汉俊的住处开会。当时李汉俊住在兄长李书城的一处公寓里，位于法租界望志路106号（今兴业路76号），也是一处石库门建筑，相对比较安全。李达和李汉俊都同意了王会悟的建议。

代表们住宿的地方，王会悟则想到了博文女校。她与校长黄绍兰是老熟人，而且博文女校距李汉俊的住处很近，代表们往返非常方便。当时正值暑假，学校的房子空着，王会悟找黄绍兰一说，事情就成了。

代表们陆续抵达上海后，王会悟逐一安排了住宿。她还买来芦苇席铺在地板上，可供代表们休息，又安排了一个熟人负责做饭兼门卫。看到来自湖南的代表毛泽东个子高，王会悟用板凳和木板帮他在靠西的房间里搭了一张"大床"。

1921年7月23日，中共一大在李汉俊的住处正式召开。开始几天很顺利，但7月30日晚，因有外人闯入，会议被迫中止，部分代表转移到陈独秀的寓所里商讨对策。大家的意见很统一，开会地点要改。

王会悟曾回忆："上海已不能开会了，到哪儿继续把会开完呢？代表们的意见不一。我想到我家乡嘉兴的南湖，游人少，好隐蔽，就建议到南湖去包一个画舫开会。"代表们商量后，同意了这个意见。

王会悟作为具体安排事务的工作人员先行出发。到嘉兴后，她去鸳湖旅社租了房间，作为代表们歇脚之处，又托旅社代雇一艘中等画舫，要了一桌饭。开会前，王会悟还出主意，让代表们带了一副麻将牌。上船后，代表们以打麻将为掩护继续开会，她自己则坐在船头放哨，一见有船划近，就敲舱门，提醒大家注意，直到会议顺利结束。

抱着女儿站岗放哨

1922 年，中共二大会议筹备期间，在开会地点的选择上，中央局更为谨慎。经各方权衡，二大第一次全体会议的地点就选在了李达和王会悟的家（二大共举行 3 次全体会议，其余两次的会址因历史久远而无从查考）。

1922 年 7 月 16 日，二大在李达和王会悟的家里正式召开。参加大会的代表有陈独秀、张国焘、李达、杨明斋、罗章龙、王尽美、许白昊、蔡和森、谭平山、李震瀛、施存统等 12 人（尚有 1 人姓名不详）。他们代表着全党 195 名党员。

尤玮对记者介绍："辅德里的房子差不多同一样式，与会代表只要进出迅速，外人不易辨别是哪家、哪扇门，而且各家还有后门，撤退方便。另外，我党创办的平民女校正对着李达家后门，一旦出现突发情况便于疏散，旁边的小弄小巷四通八达，也容易隐藏。当时李达、王会悟夫妇的大女儿出生不久，往来道贺的友人络绎不绝，也是一种极好的掩饰。加上公共租界不愿多管本地杂事，军阀当局也不便到公共租界来，所以这里相对安全。"

为了保密和安全起见，二大以小组讨论为主，每次全体会议都要更换地点，小会则基本安排在党员家中，最后将各组意见汇总，再由大会决议。

王会悟曾回忆，二大召开时没有正式布置会场，现场比较朴素简陋，就是加了几张凳子，两只柳条箱放在窗口，上面铺一块布，当桌子用，"他们持续不断地开会，下楼吃饭的时候也在饭桌上讨论会务"。

会议期间，王会悟抱着几个月大的女儿李心田站在弄堂口，装作与人闲聊的样子，实际上是在望风。

短短 8 天会议，二大收获了很多成果，包括通过了《中国共产党第二次全国代表大会宣言》《中国共产党章程》等。

《中国共产党第二次全国代表大会宣言》由陈独秀领头起草。据张国焘回忆："起草一个政治宣言确是这次大会唯一重要的任务。我和蔡和森又推陈独秀先生为执笔人。他花了约两天的时间起草好了第一次的初稿，提交起草委员会讨论。起草委员会又连续开了好几次会议……通过了我们所提出的宣言草案。"

宣言提出，在当时的历史条件下，党的奋斗目标是：消除内乱，打倒军阀，建设国内和平；推翻国际帝国主义的压迫，达到中华民族完全独立；统一中国为真正的民主共和国。这指明了党的最低纲领。宣言也指出，党的目的是要"组织无产阶级，用阶级斗争的手段，建立劳农专政的政治。铲除私有财产制度，渐次达到一个共产主义的社会"。这又指明了党的最高纲领。至此，中国革命的形势向着更清晰的道路前行。

"如果不是她，我们可能都被捕了"

浙江省桐乡县是王会悟的故乡，在位于乌镇的王会悟纪念馆里，陈列着一些她的遗物——年轻时穿过的旗袍、用到破损的手提箱、泛黄的笔记本、读书看报时用的眼镜……新旧交替时代的中国，一些女性开始意识到，命运可以掌握在自己手中。

王会悟的父亲王彦臣是晚清秀才，王氏家族在乌镇世代以教书为业，很受乡邻敬重。王会悟 6 岁时便进入父亲的私塾读书。因为颇受家中长辈的宠爱，她也避免了裹足的厄运。当时街坊四邻曾议论："王家闺女大脚，像网船姑娘，长大后怕没男人娶。"王彦臣听说后却坚定地说："不要紧的。"

辛亥革命前夕，王会悟已经在私塾里感受到社会上除旧布新的气息。一些追求进步的男性开始剪掉辫子。一次，她在大街上遇到返乡的沈雁冰（即作家茅盾），二人既是亲戚又是儿时同窗。看到沈雁冰已经剪掉了辫子，王会悟直率地问："你在乌镇也这副模样，不怕被人在背后指骂吗？"沈雁冰则看了看王会悟的脚，说："你不是也没有裹小脚吗？"两人相视而笑。

1910 年，王会悟前往嘉兴女子师范学校求学。第二年，王彦臣因诉讼蒙冤，被发配关外，后虽获释却大病不起，最终客死他乡。王家至此家道中落，生活变得十分窘迫。王会悟的学业被迫中断。

回乡后，为了生计，年仅 13 岁的王会悟在自己家里开办了一个私塾，只招收女学生。业余时间，她还做刺绣、织毛衣等手工活，帮母亲补贴家用。

受过新式教育的王会悟讲课耐心又生动，乡亲们口口相传："小王先生教得极好，跟老王先生一样。"学生数量越来越多，家里坐不下了，王会悟找到附近寺庙的师太，借用了最大的一间殿堂做教室。这是桐乡县第一所女子学堂。

学堂有了名气，麻烦也接踵而至。由于王会悟宣传婚姻自由、反对养童养媳，并鼓励学生剪辫子、破除缠足等陋习，引起了镇上保守乡绅的极大不满。他们说"教书是男人的事，女人教书是抢了男人的风头"，就联合起来向当地教育部门施压，并对学生家长进行恐吓，导致学生人数日益减少，最后学堂被迫停办。

1917 年，王会悟到湖州教会学校湖郡女校攻读英语。在那里，她看到了《新青年》杂志，被其中倡导的妇女解放思想深深触动，便尝试着用白话文给陈独秀、恽代英写了信，表达自己追求自由民主的想法。陈独秀回信夸奖她"有胆识"，并说"没想到我们的新思想都影响到教会学堂了"。

1919 年，王会悟结束了在湖郡女校的学业，经沈雁冰介绍来到上海。在上海中华女界联合会负责人、黄兴夫人徐宗汉的安排下，担任该联合会的文书职务，第二年便加入了社会主义青年团。

由于工作关系，王会悟时常出入陈独秀寓所，在这里遇到了刚从日本回国并寄住于此的李达。两个年轻人因志同道合而互相吸引。

王会悟曾回忆，在热恋和蜜月期间，她和李达除了谈情说爱，还谈理想抱负。在讨论入团（王会悟因工作需要始终没有入党）和建党的初衷时，李达谈论最多的是三条：一是要"先天下之忧而忧，后天下之乐而乐"；二是要改变"朱门酒肉臭，路有冻死骨"的社会状态，李达认为富豪一顿饭钱等于老百姓一年生活费是绝不合理的；三是要建设一个民主共和的社会主义国家，让人民当家作主，让整个民族变得文明富强。此外，王会悟又补充了两条：妇女解放，男女平权；有限政府，人民监督。

当时还没有官方意义上的普通话，大多数人的乡音都很重。王会悟的浙江方言遇上李达的湖南方言，有时无法理解彼此的意思，于是两人便经常写在纸上进行交流，王会悟称之为"笔谈恋爱"。

1921 年 4 月，在陈独秀夫人高君曼的见证下，王会悟与李达在位于上海法租界的陈独秀家中举行了简单的婚礼。不久后，他们便搬入了辅德里 625 号，正好赶上筹备中共一大。那段时间，李达担任中共上海发起组代理书记，事务极其繁忙，有时工作到快天亮才上床休息，根本无暇顾家。王会悟承担了全部家务，悉心照顾李达的生活起居，并帮助他校对、誉抄文稿。为了补贴家用，她白天还在上海蒲柏女子学校任教。

1922 年底，受毛泽东邀请，李达与王会悟带着女儿离开上海，到位于长沙的湖南自修大学工作，暂住在毛泽东与杨开慧的家里。

在之后的岁月里，王会悟一直致力于妇女解放事业。1945 年 9 月，毛泽东到重庆谈判期间，还单独接见了她。新中国成立后，王会悟来到北京，在政务院法制委员会工作。这个机构被撤销后，她申请离职休养。

桐乡人民广播电台的退休记者柏春，曾在20世纪90年代初多次采访王会悟，他对记者回忆道："当时她住在北京建国门外的一座居民楼里，穿着朴素的旧衣服，和普通老太太没有什么两样。她仍然带着桐乡口音，首先问我家乡有什么变化，乌镇怎么样了，然后渐渐聊到一大召开时的情形，讲到去嘉兴南湖开会的事情。她从没向国家提过任何要求，那一代人是只有奉献、没有索取的。"

晚年的王会悟左眼失明，仍每日用放大镜读书看报，直至1993年在北京逝世。她一生未曾身居要职，但她在中国共产党的创建过程中、在中国妇女解放的历史上，留下了自己的足迹。在很多人眼中，她是没有入党的共产党员。

（文／尹洁）

"财政部长"许白昊：
只留下一封家书

　　湖北省应城市富水河畔的杨家湾，有一栋带院子的三层楼房，门楼上挂着"许白昊故居"的牌匾。房子堂屋的墙上，挂着一面镜框，里面嵌着一份20世纪80年代湖北省政府颁发的《因战因公牺牲人员家属光荣纪念证》，镜框左下角还有一张两寸大小的黑白照片。这就是中共二大代表许白昊烈士。

　　自从离开老家这座房子外出求学、参加革命，许白昊再也没有回来过。

　　100年前的那个时代，他无法告诉父亲，自己是一名共产党员。牺牲时，他没有给家人留下任何财产，只有早年写的一封家书被后人珍藏了几十年。在这封信里，他委婉而坚定地告诉父亲和家人，自己所从事的是一份什么样的事业。

▲许白昊（1899—1928），原名许权明，湖北应城人。中国共产党第二次全国代表大会代表，工人运动领袖、中共中央监察委员和中央工人运动委员会委员。

"决当做中国有用之人"

许白昊的父亲许宗模是一位勤劳朴实的农民，为人忠厚，家教甚严。他主要以种田为生，还会些手艺活，膝下有四女三男。许白昊在三个儿子中排行老大，小时候常帮家里干农活，灾荒年月还在父亲的带领下给人当过挑夫。

1917年春，许白昊离开杨家湾，先后到湖北甲种工业学校、上海中华职业学校求学。其间五四运动爆发，他深受影响，开始从事工人运动。据许白昊的后人推测，他留下的这封家书应该写于1921年之前。

由于许白昊长年在外不见踪影，周围乡邻多有议论，甚至猜疑他干了见不得人的事情。于是许宗模便让二儿子许华明代笔写信，询问大儿子"究竟所做的是什么事情"。许白昊便回了这封家书。这也是他在大革命时期寄给家里的唯一存世家书。

许白昊在信中写道："二弟鉴：接得你的来信，说叔父不能管兄的一切事情。弟为兄事商议胡良宪姻叔办理，兄看了之后，欢喜得了不得。何则叔父近年来年老力衰，精神一日差一日。我弟能举持家事，不要父母操心，在家能顺父母的欢心，在外可称为有用之人。此即是古今来所说的正大光明的君子一样的人。……"

许白昊的侄孙许振斌告诉记者，家书中所称呼的"叔父"就是许宗模。因为许白昊幼时曾过继给膝下无儿女的伯父伯母，所以改称许宗模为叔父。后来伯父伯母因病先后离世，抚养许白昊的责任又落到许宗模肩上，但称谓未改。

许白昊这封信是写给二弟许华明的。面对父亲的疑问，他在家书中重点解释了"外人说兄是下流之人"的事情，表示自己所做的是正大光明之事："就是专心实业制造的学问，考求中国实业，应如何可以发达的道理。若其详细情形，两三年后，自能大明白于天下。"

对于外人的非议，许白昊不愿辩白，并希望家人能以坦然、包容的态度去面对："将来是下流人，是上流人，不能辩白清楚，此时何必与他相争。"

为了让父亲安心，许白昊特别强调了自己的志向："决当做中国有用之人，不但自己不得为下流之人，并且愿教训中国已入下流之人。"他还教导弟弟："要时时多读书，多识字，以便将来一日进步一日。"

这封家书是许白昊留给家人的唯一慰藉。在兵荒马乱的旧时代，许家人一直珍藏着它。许振斌告诉记者，家书原件在20世纪70年代遗失，目前只有照片存世。写这封信时，许白昊已经深受革命思潮洗礼，面对积贫积弱、满目疮痍的旧中国，立志找到一条新路。

"为众生而努力，为众生而牺牲"

中共一大召开后，1921年8月，中国共产党成立了领导劳工运动的专门机构——中国劳动组合书记部，领导人有张国焘、李启汉、李震瀛、包惠僧等人。在李启汉的引荐下，许白昊也加入了中国劳动组合书记部。

1922年1月，远东各国共产党及民族革命团体第一次代表大会在苏联莫斯科召开，许白昊代表中国劳动组合书记部及劳动组织研究会参会，1922年春回国。不久后，他便在张国焘的介绍下正式加入了中国共产党。

同年6月，许白昊被派到武汉工作。当时武汉的共产党员不到10人，工会组织只有三四个。为了发动工人，许白昊经常扮作送水工进入工厂。

他挽着裤腿，穿着磨破的布鞋，肩上挑着两只水桶，穿梭在工人棚户区内高声叫卖，秘密联络工人骨干。半年后，武汉党员发展到 30 多人、工会组织 30 多个、会员 5 万多人。

7 月 16 日，中共二大在上海李达寓所召开，参会代表共 12 人：中央局委员陈独秀、张国焘、李达，上海代表杨明斋，北京代表罗章龙，湖北代表许白昊，湖南代表蔡和森，山东代表王尽美，广东代表谭平山，中国劳动组合书记部代表李震瀛，中国社会主义青年团临时中央局代表施存统，还有一人姓名不详。

二大结束后，许白昊回到武汉，继续领导工人运动。他废寝忘食、日夜奔忙，不到 3 个月，武汉就先后成立了 23 个工会组织。

▲ 1922 年 1 月，远东各国共产党及民族革命团体第一次代表大会在莫斯科举行，中国共产党派代表出席。图为莫斯科远东会议期间，王尽美与邓恩铭交流。

同年秋天，许白昊在工作中结识了汉口烟厂女工秦怡君，先介绍她入了党，又护送她到长沙，进入毛泽东创办的湖南自修大学学习，后来两人结为夫妻。

从1922年1月到1923年2月，中国工人运动掀起了第一个高潮，全国发生大小罢工100余次，参加人数达到了30万以上。

这场运动是一轮大浪淘沙的过程，浪花里不仅裹挟着泥沙，还有第一代中国共产党员的鲜血。

1923年2月4日，京汉铁路工人宣布大罢工，许白昊领导武汉工人团体积极声援。2月6日，武汉各工团万余人举行了示威游行，许白昊、林祥谦、项英、施洋等工人运动领袖走在队伍最前面，一路高呼"打倒帝国主义""打倒军阀""劳工万岁"等口号。

在游行集会上，许白昊多次发表演说，呼吁工人团结一致："广大劳动者应当觉悟起来，少向资本家乞怜！"

军阀们迅速实施了镇压和报复。2月7日，在吴佩孚的命令下，湖北督军萧耀南借口调解工潮，诱骗工会代表到指定地点"谈判"，在途中埋伏袭击，导致工人纠察队牺牲52人、受伤300多人，造成"二七"惨案。京汉铁路工人大罢工最终失败。

随着大革命陷入谷底，工人领袖队伍中的一些人失去斗志，甚至变节投敌。许白昊的处境非常危险，不仅党组织被破坏殆尽，自己也被军阀悬赏通缉。但他没有离开武汉，而是与秦怡君以夫妻关系（当时还未结婚）为掩护继续进行地下工作。为了维持生活，他曾到汉口英租界电灯厂做工，并秘密联络工人骨干。敌人察觉后马上派人到厂里去抓许白昊，幸好他已下工才躲过一劫。

在严酷的环境中，许白昊始终保持着无畏的气魄。他曾在上海《民国日报》发表过一篇题为《鹃血》的文章："我愿淌干眼泪，洗净大千世界，我愿洒尽碧血，参透昏聩人生。为众生而努力，为众生而牺牲。"

到 1924 年 5 月，武汉地区的党员人数又恢复到 50 多人。但就在这个月，由于叛徒告密，许白昊还是被捕了。吴佩孚得知消息后，立即命令把他押解至洛阳亲自审问，结果一无所获。外界一度传言许白昊已被杀害，不少工会团体和革命组织还为他开了追悼会。事实上，许白昊被判了 10 年监禁，暂时与外界失去了联系。

不久后吴佩孚下台，党组织趁机将许白昊营救出狱。他再次回到武汉，领导了汉口人力车夫、英美烟厂、英国电厂、火柴厂等约 5000 人的大罢工。到 1926 年底，湖北省工会组织发展到 340 多个、工会会员达到 30 多万。

家书里的话成为家训

由于常年从事秘密工作，许白昊极少与家人联系。许宗模曾两次坐船到汉口，只见到儿子一次，住了一个星期。许宗模返回老家前，许白昊塞给他一些路费，当许宗模买好车船票后，发现剩下的钱只够买一杯茶水。许宗模后来每次提起这件事，总说许白昊真"精"。事实上，许白昊当时担任着湖北省总工会财政部长，手里掌握着大笔革命活动经费。但他清楚地知道那是公款，不能挪用一分一毫。

中国共产党从诞生之初，就对党内腐败问题高度警惕。一大通过的第一个纲领中，包含了大量关于党的纪律和党内监督的内容，二大制定的第一部党章则在纪律方面做了进一步规范。

1927 年 4 月 27 日，中共五大在武汉召开，许白昊作为党代表出席了会议。会议的一大成果是选举产生了第一届中央监察委员会，由 7 名正式委员和 3 名候补委员组成，许白昊是正式委员之一。

这是中国共产党第一个中央纪律检查机构。值得一提的是，在后来的革命斗争中，这 10 名监察委员无一人贪赃枉法，无一人叛党投敌，其中 8 人为革命英勇牺牲，其中也包括许白昊。

1927 年 7 月，汪精卫在武汉发动了"七一五"政变，对共产党人进行屠杀，许白昊成为重点追捕对象之一。8 月，党中央决定调他到上海总工会工作。当时秦怡君正在医院生孩子，许白昊到医院通知妻子尽快带着孩子和岳母回黄陂乡下躲避。

到上海后，许白昊直接在周恩来的领导下开展工作。不久，秦怡君也来到上海，配合许白昊掩护党的秘密机关。1928 年 2 月 17 日，许白昊和陈独秀之子陈乔年等人在上海总工会交通处开会时，因叛徒告密，被英租界巡捕逮捕，第二天就被押解到淞沪戒严司令部。6 月 6 日下午，许白昊被杀害于上海龙华荒野，年仅 29 岁。

"我大爹许白昊自离开家直到牺牲，没有回过一次家，也没有往家寄过一分钱，唯一的孩子后来也在革命辗转奔波中夭折了。"许振斌说，"许家到我这一代弟兄四个，都牢记着大爹的革命精神。他家书里的话已经成为我们的家训。每年清明节，我们兄弟姐妹几家人都要到祖坟前，一起朗读家训。"

（文 / 尹洁）

衣冠冢里的党章

　　这是一本泛黄的铅印小册子，封面写有"中国共产党第二次全国大会决议案"字样，里面包含了 1922 年中共二大通过的各项决议文件，最后一部分内容是《中国共产党章程》。这几页文件就是中国共产党历史上的第一部党章，而这本小册子则是中共二大唯一存世的中文文献原件，目前珍藏于中央档案馆。

　　细心的人会发现，小册子里盖着一枚印章——"张静泉（人亚）同志秘藏"。张静泉是谁？"秘藏"二字背后又有着怎样惊心动魄的故事？

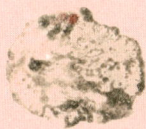

▲张人亚（1898—1932），浙江宁波人，1922年加入中国共产党。

银楼里的工人党员

"张静泉是张人亚的原名，人亚这个名字是他参加革命后自己改的。"浙江省宁波市北仑区文物保护管理所所长冯毅对《环球人物》记者说。在北仑区霞浦街道，至今保留着张人亚的故居。这处房子建于清中期，是三合院式建筑，院内有正房一进、东西厢房各一座，四周院墙围拢，朝南开门，墙门以条石为框。

1898年，张人亚就出生在这座房子里，是家中第二个儿子。当时这里属于浙江省宁波府镇海县霞浦镇。张人亚的父亲张爵谦是一位农民，虽然文化水平不高，却很重视子女教育。他给次子取名静泉，早早送到家族学堂启蒙，后来又送到县里上中学。1914年，张人亚为了减轻家庭负担，没有继续读书，而是去了上海，在一家银楼里当学徒。因为宁波话里"银匠"的发音近似"人亚"，他便将张人亚作为自己的另一个名字。

20岁时，张人亚娶了妻子，名叫顾玉娥。没过几年，顾玉娥染病去世，没有留下孩子。从此，张人亚孤身一人长住上海，很少回宁波老家。在多年的学徒生涯中，他不仅学会了手艺，也亲身感受了军阀、洋人、资本家对底层老百姓的剥削、欺压和凌辱。

金银业是中国古老的手工业之一。上世纪20年代初，上海共有大小银楼30多家、从业工人2000多名。与产业工人相比，这些金银业工人的待遇和处境更差。银楼普遍采用学徒制，一名学徒要先经过5年的"实习"，再为雇主无偿劳动一年后，才能转为正式工人、拥有工资，年限之长在当时的工人中也是少见的。

在日复一日的被压榨中，张人亚没有变得麻木。随着共产主义理论在国内的传播，他接触到一些进步书刊和进步人士，思想深受触动。中国共产党正式成立后不久，张人亚便加入了社会主义青年团，1922 年加入中国共产党，成为上海最早的工人党员之一。

默默守护儿子的托付

1922 年 9 月，在中国共产党的领导下，金银业工人俱乐部在上海成立。成立大会上，作为大会主席的张人亚表示，俱乐部是"保存工人生命的机关"。大会还发表了宣言："我们做工的人，都是很劳苦的，一天到晚除了做工吃饭以外，简直没有快乐的事情……我们是为要扫除一切使我们不幸的事件，提高将来的生活。"

俱乐部成立 20 天后，便向银楼公所（资本家组织）提出了 5 项要求，包括增加薪资、学徒年限缩短为 3 年、星期日休息、废除包工制、改良待遇。银楼资本家不但不予理睬，反而将张人亚等 3 名俱乐部骨干从工厂里开除。在抗议无果后，俱乐部发出了罢工号召："我们要拿出血性来与资本家相争！"

各个银楼的工人迅速响应，几天内，罢工规模不断扩大。在强令复工被拒绝后，资本家停止向工人提供膳宿，进一步激化了矛盾。1922 年 10 月 20 日，庆华银楼的工人与印度巡捕发生冲突，被打伤六七人，被狼狗咬伤三四人，被捕 22 人。随后，淞沪警察厅以"私设秘密机关""要挟罢工"的罪名，将金银业工人俱乐部取缔，并下令通缉张人亚等骨干成员。

1923 年，在上海党组织的安排下，张人亚离开了金银业，开始从事党、团工作及机关书报的出版发行工作。1924 年，他赴苏联莫斯科东方大学学习，1925 年"五卅惨案"后回国。1927 年初，张人亚参与创立上海总工会机关报《平民日报》。

因为喜欢读书看报，张人亚保存了很多马克思主义著作的中译本，其中包括由陈望道翻译，陈独秀、李汉俊共同校阅的第一个中译本《共产党宣言》。1920年8月在上海出版时，这本书的封面印有水红色马克思微侧半身肖像，首印1000册，很快售罄。同年9月再版，加印1000册，马克思肖像变成蓝色。这两个版本的《共产党宣言》，都被张人亚悉心保存下来。

此外，张人亚还珍藏了一批中共二大、三大的重要文件。1922年7月，中共二大在上海秘密举行，制定了党的最高纲领和最低纲领，通过了第一部党章和一系列重要决议。会后，党组织把党章、决议等文件汇编成一本小册子，印发给全国各地党员，张人亚也得到了一本。

1927年4月，蒋介石发动"四·一二"反革命政变，大量共产党员被杀害，白色恐怖笼罩着上海，中国革命形势急转直下。张人亚的各项工作被迫转入地下，很多党的资料不得不销毁，但对于一些特别珍贵的书刊文件，他在反复考虑后，做了一个冒险的决定。这年底的一个午后，张人亚带着一个大包裹，秘密回到了自己的老家霞浦镇。他对父亲张爵谦说，自己在上海的住所要搬迁了，恳请父亲将他带回来的书刊文件妥善保管。交代完毕，他当天就离开了家。

张爵谦知道这批书刊文件的意义非同一般。到了傍晚，他把包裹偷偷拿到自家菜园，藏进了草棚里。几天后，他对邻居说，二儿子张静泉长期在外不归，已经不在人世了。当时上海工人在多次武装起义中牺牲了不少人，"四·一二"大屠杀中更有大批工人遇难，加上张静泉已经好几年没回家了，所以乡邻们也都深信不疑。

为了更好地保守秘密，张爵谦在家乡的山岗上为张静泉和顾玉娥修了一座合葬墓。张静泉这边是一个衣冠冢，他带回的书刊文件就藏在空棺里，墓碑上的名字则是张泉。张爵谦没有向任何人透露过衣冠冢里的秘密，一个人默默守护着儿子的托付，期盼着他再次回来时，能完好无损地把物品交给儿子。

70 多年杳无音信

辞别父亲后，张人亚先后在上海、芜湖等地从事秘密工作。这一时期，中华苏维埃共和国虽然尚未成立，但赣西南苏区、闽西苏区等已渐近形成，通过打土豪分田地，没收或缴获的金银与财物需要从地方上交给中央。

1929 年 7 月，张人亚奉命在芜湖开设了一所金铺，表面上做金银饰品加工、收购和出售生意，实际上负责接收苏区送来的金银，设法兑换成现洋和钞票，再上交给在上海的党中央，作为党的活动经费。此外，金铺里的所有营业收入也都上交中央。

1931 年 11 月，中华苏维埃共和国成立。12 月底，张人亚离开芜湖赴瑞金，担任中央工农检察委员会委员。1932 年 6 月，他担任中央出版局局长兼印刷局局长，发行了一大批苏区急需的政治、军事、经济、文教书籍。

但在张人亚的老家，亲友们对他的踪迹一无所知。衣冠冢里的秘密被张爵谦一直保守到新中国成立。全国解放后，张爵谦立即在报纸上刊登了寻人启事，但到了 1950 年还是没有消息。张爵谦估计儿子可能牺牲了，自己又已进入耄耋之年，于是下定了决心："共产党托我藏的东西，一定要还给共产党。"他打开衣冠冢，将书刊文件取了出来。随后，张爵谦把三儿子张静茂从上海叫回来，连同一张金银业工人俱乐部成立大会的照片，让他一起带回上海交给党组织，了却自己的心愿。

张静茂回上海后，为了给这件事留个纪念，专门刻了两枚印章。一枚是长方形，刻有"张静泉（人亚）同志秘藏山穴二十余年的书报"，另一枚是正方形，刻有"张静泉（人亚）同志秘藏"，盖在了所有书刊文件上，后来相继捐献给上海工人运动史料委员会、上海革命历史纪念馆筹备处（中共一大会址纪念馆前身）。

这批由张人亚和父亲保护下来的革命文物，具有极高的历史价值。其中《中国共产党第二次全国大会决议案》文件集，至今仅发现三本，其中两本是复制本，张人亚保存的这本是唯一一份原件。

一大通过了中国共产党第一个纲领，但原文已散佚，目前的版本是根据共产国际的俄文档案和陈公博在美留学期间所完成的英文硕士论文翻译的。而二大、三大通过的党章，正是由于张人亚的保存才得以完整呈现，填补了党史研究的诸多空白。此外，最早的中文版《共产党宣言》目前仅存世 11 本，且大多严重破损或残缺，张人亚保存下来的两本则基本完好。

张爵谦一直没有放弃寻找儿子的下落，直到 1956 年去世。此后，张家后人继续寻找了半个世纪。直到 2005 年，他们在网上偶然发现了一张 1933 年 1 月 7 日出版的中央苏区机关报《红色中华》，上面刊登了一篇《追悼张人亚同志》的悼文，才得知张人亚的最终下落。

由于长期在危险、艰苦条件下进行高度紧张、繁重的工作，张人亚积劳成疾。1932 年 12 月 23 日，他带病从瑞金出发，去福建长汀检查工作，途中因过度疲惫导致旧疾复发、无法救治而殉职，时年 34 岁。

宁波北仑张人亚党章学堂负责人贺霁告诉记者，在确认了张人亚的去世日期后，张家后人来到张爵谦坟前，把《追悼张人亚同志》念给先人，并告慰道："您的儿子是为革命牺牲的，您可以放心了。"

去世时，张人亚无家室、无子女、无家产，埋在何处也已经无据可查，至今难以寻觅。但在贺霁看来，他的生命是不朽的。"正如《红色中华》的悼文所说，张人亚是'最坚决勇敢的革命战士'。人的生命有长有短，历史总是以人的贡献做出公正评价。"

（文 / 尹洁）

"英""雄"伉俪,《前锋》为证

在位于上海的龙华烈士纪念馆里,珍藏着一件国家一级文物——中共中央早期机关刊物《前锋》。

这份仅出 3 期就终刊的杂志,每期封面上都盖着一枚"伯雄藏书"的红色印章。其收藏者是中国共产党创建早期的一对党员夫妻——何孟雄和缪伯英。这枚印章是他们爱情的见证,也是他们为数不多的遗物之一。

何孟雄是中共第三次全国代表大会代表,而《前锋》杂志与中共三大又有着直接关系。

▲缪伯英(1899—1929)，湖南长沙人。1920年初，参加了北京大学马克思学说研究会。同年11月，参加了由李大钊组织的北京共产主义小组，成为中国共产党的第一个女党员。图为五四运动时期的缪伯英。

为国共合作而诞生的刊物

1923 年 6 月 12 日至 20 日，中国共产党第三次全国代表大会在广州召开。李大钊、罗章龙、何孟雄等作为北方代表参会，陈独秀、张国焘、毛泽东等作为南方代表参会，他们代表了全国 420 名党员。此外，还有一些列席人员及共产国际代表等参会，总计近 40 人出席了大会。

三大的中心议题是与国民党合作、建立革命统一战线。会议通过了《关于国民运动及国民党问题的议决案》《中国共产党第三次全国代表大会宣言》等文件，指出党在现阶段"应该以国民革命运动为中心工作"，决定让共产党员以个人身份加入国民党，两党通过党内合作的形式，建立联合战线，以完成反帝反封建的国民革命任务。

宋庆龄曾问孙中山："为什么需要共产党加入国民党？"孙中山回答："国民党正在堕落中死亡，要救活它就需要新血液。"李大钊在与孙中山讨论"振兴国民党以振兴中国"的问题时，表示自己已经是第三国际的党员了。孙中山说："这不打紧，你尽管一面做第三国际党员，一面加入本党帮助我。"

在决定与国民党合作的同时，三大也明确规定，共产党必须在政治上、思想上、组织上保持自己的独立性，并强调，保护工人农民的利益是一刻也不能忘的。

三大召开后，国共合作的步伐大大加快。为了更好地宣传统一战线方针、促进国民革命运动，7 月 1 日，中共中央机关刊物《前锋》在上海创刊，由瞿秋白担任主编。

在创刊号之后，《前锋》又出版了两期，时间分别是 1923 年 12 月 1 日、1924 年 2 月 1 日。在国民党第一次全国代表大会确立了第一次国共合作后，《前锋》因完成使命而停刊。

"通过这三期杂志上刊发的文章可以看出，《前锋》始终坚持中共三大的决议精神，把宣传党的方针政策作为主要任务，为促成中国革命阶级的统一战线而努力，推进国民革命的发展。"龙华烈士纪念馆馆长邹强对记者说。

因为发行时间短、发行量小，《前锋》能保存下来已经十分难得，而盖有"伯雄藏书"印章的《前锋》，更显得弥足珍贵。

这枚印章是何孟雄和缪伯英的结婚喜章，"伯雄"是各取两人名字中的一个字组成的，妻名在前，夫名在后。他们将共同拥有的书籍加盖"伯雄藏书"印章，寓意他们因共同的理想信念而结合在一起。这枚印章见证了他们的爱情，也见证了他们的革命事业。

1927 年 7 月，由于革命形势的变化，何孟雄和缪伯英的工作转入地下，不久奉调上海参加中共江苏省委工作。赴沪前，他们将一些不便携带或不利于在秘密环境中使用的物品，分散留给了亲属。半个多世纪后，他们的亲属将其中一部分遗物捐赠给龙华烈士纪念馆，其中就包括印有"伯雄藏书"的《前锋》杂志。

从容莫负少年头

"何孟雄、缪伯英是中国共产党在北京地区的第一批党员。"邹强说，"他们是在共同参与党的创建活动以及革命斗争中结识，并产生感情的。"

何孟雄是湖南酃县（今炎陵）人，出生于 1898 年。高小毕业后，他到省城长沙读书，与毛泽东、蔡和森等相识并结下友谊。1919 年 3 月，何孟雄进入北京大学政治系旁听，深受新思潮影响，积极投身五四运动。《北京大学校史》将何孟雄与李大钊、陈独秀、邓中夏、罗章龙等人同时列为五四时期北大进步力量的主要代表。

1920年3月，在李大钊的指导和帮助下，何孟雄与邓中夏、罗章龙等人发起成立了中国第一个马克思主义学说研究团体——北京大学马克思学说研究会。同年11月，何孟雄加入北京社会主义青年团和北京共产党早期组织。

缪伯英也是湖南人，1899年出生于长沙，从小就被思想开明的父亲送进学堂读书。1919年，缪伯英以长沙考区第一名的成绩考入北京女子高等师范学校（现北京师范大学）理化科，结识了一大批来自全国各地的有志青年，其中就包括何孟雄。

既是同乡，又志趣相投，何、缪二人很快熟悉起来。当时的北京大学是新文化运动的中心，加上有很多湖南老乡，缪伯英便经常到北大看书、听课，与同学们一起探讨拯救中国的道路。

一次，在听完李大钊的演讲后，缪伯英深受触动，激动地走到李大钊面前说："您讲得真好。我不是北大学生，您能收我做学生吗？"李大钊见她态度诚恳真挚，便答应下来。随后，在何孟雄的介绍下，缪伯英也加入了马克思学说研究会，后又加入北京共产党早期组织，成为中国共产党第一位女党员。

精神上的志同道合，让何孟雄与缪伯英的感情持续升温，但严酷的现实也不断考验着两人的感情。1921年4月，何孟雄代表北京社会主义青年团赴莫斯科出席少共国际第二次代表大会，行至中苏边界的满洲里时，被奉系军阀逮捕。

这是何孟雄第三次入狱。第一次是1919年6月，他在街头演讲时被北洋军阀逮捕，两天后被释放；第二次是1920年5月，他在纪念"五一"劳动节的游行中被捕，5月17日被北大保释出来。第三次被捕后，何孟雄遭受了各种酷刑，但没有吐露任何信息。在牢房里，他写下一首《狱中题壁》诗——

当年小吏陷江州，今日龙江作楚囚。

万里投荒阿穆尔，从容莫负少年头。

"经过李大钊、罗章龙等人的营救，何孟雄再次被保释出狱。后来，他又被捕过两次，前后加起来，一共五次。"邹强说，"每次有了生的机会后，他依然选择继续革命，直到再次被捕、再次出狱、继续革命……百折不挠。"

1921年7月，中国共产党成立，何孟雄成为全国最早的党员之一。不久后的重阳节，他和缪伯英在北京中老胡同5号院举行了婚礼。

"既以身许党，应为党的事业牺牲"

婚后的何孟雄与缪伯英感情甚笃。他们一起为中国劳动组合书记部的机关刊物《工人周刊》和《劳动通讯处》编写了大量文章，介绍国内外工人生活和斗争的情况。因为两人名字里有"英""雄"二字，便被同志们合称为"英雄夫妻"。他们的家也是北京党组织的一个联络站，同志们经常在这里开会、活动。1922年，陈独秀赴莫斯科出席共产国际第四次代表大会，从上海途经北京时，就住在何孟雄和缪伯英的家里。

由于两人都承担了很多党内工作，经常要到外地宣传马克思主义、发动工人运动，因此身体长期处于疲劳状态。何孟雄对妻子非常体贴，即使工作再忙，只要他在家就会主动做家务。

1924年，为了躲避北洋政府的抓捕，两人一起回到长沙。半年后，何孟雄接到新任务，要回到北京。当时缪伯英已怀孕，快要分娩了。分别前，何孟雄说："我不能看到孩子出生了，但孩子的名字我已想好，如果是男孩，就叫重九，因为重九是我们的结婚纪念日；如果是女孩，就叫小英，让她像你一样漂亮勇敢、聪明可爱。"

何孟雄走后，缪伯英生下一个儿子，取名重九。几年后两人又有了一个女儿，取名小英。

作为北方工人运动领袖，何孟雄相继发动和领导了开滦煤矿、唐山铁路机车厂、正太铁路和京汉铁路工人大罢工等重要斗争。缪伯英则坚守在长沙，领导开展湖南妇女工作。大革命失败后，党组织派遣何孟雄、缪伯英到白色恐怖下的上海工作。临行前，缪伯英把自己保存多年的照片、书刊都留在了长沙家中。

在上海，何孟雄先后担任中共江苏省委委员、省农委和军委负责人、沪东和沪中区委书记等职，缪伯英则担任中共沪中区委主任、妇委主任。为掩护身份，她化名廖慕群，在华夏中学任物理教员，秘密开展地下工作。

当时何孟雄一家住在租界内，一有异常情况就要立刻搬家。每遇此事，缪伯英就假装与何孟雄吵架，情况紧急时，他们干脆连家也不要了。食无定时、居无定所、天未亮出门、深夜方归，这种艰苦的斗争环境和艰辛的工作，把缪伯英的身体拖垮了。

1929年10月的一天，缪伯英和何孟雄前往秘密联络点时，发现有人盯梢。两人都想让对方先走，推让中，缪伯英坚定地说："这次会议很重要，你不去就开不成，会坏大事的。再说，我们分开走，目标也小些，否则可能同时被捕。"

当时缪伯英穿的外衣上有三粒纽扣，她一手捏着扣子，一手拽着衣襟，猛力将扣子扯下，塞到何孟雄手中，说："如果我被捕，肯定不会屈服。以后就让扣子陪着你和两个孩子，就当我在你们身旁，走，你快走！"说完推了何孟雄一把，自己则朝另一条巷口跑去。

暗探果然尾随上了缪伯英。情急之下，她跳进了附近一条小溪里，隐藏在桥墩后面。在冷水中泡了一个多小时，确认敌人走了之后，她才颤抖

▲何孟雄（1898—1931），炎陵县中村人。共产党创始人之一、北方工人运动领袖、中国无产阶级革命家和政治活动家。

着爬上岸，之后便昏厥过去。已经安全回到家中的何孟雄见妻子迟迟未归，火速返回寻找，发现缪伯英倒在草丛中，已不省人事。

缪伯英患上了严重的伤寒，被送入医院抢救。因为长期的营养不良和劳累过度，最终还是离开了人世，年仅30岁。去世前，她握着何孟雄的手说："既以身许党，应为党的事业牺牲，奈何因病行将逝世，未能战死沙场，真是恨事！孟雄，你要坚决斗争，直到胜利。"

龙华英烈，精神不朽

爱人的病逝，让何孟雄备受打击。想到缪伯英的临终遗言，他从悲愤中获得了更为强烈的革命动力和无所畏惧的勇气，也做好了牺牲一切的准备。

1931年1月17日，由于叛徒出卖，国民党上海市公安局（后改为警察局）会同租界巡捕房，包围了汉口路的东方旅社，拘捕了秘密举行会议的林育南、李求实、柔石等人，之后直奔天津路275号中山旅社，拘捕了何孟雄、龙大道、欧阳立安等人。经过辗转关押，几十位革命者被解往龙华国民党淞沪警备司令部监狱。

何孟雄当时化名陈方。他知道自己的身份可能会暴露，牺牲难以避免，唯一放心不下的是孩子。何孟雄被捕的第二天，他的一双儿女也被关押到龙华监狱的女牢里。当时监狱内的孩子不止重九和小英，但在孩子们的哭喊中，何孟雄在男牢里听出了自己孩子的声音。

牢房里的高墙成了天堑，何孟雄直到牺牲都未能亲眼看到日思夜想的儿女。2月7日，何孟雄、林育南、李求实、胡也频、冯铿等20多位革命者，拖着沉重的铁镣走向了刑场。

牺牲时，何孟雄不满33岁。当时年仅6岁的重九和3岁的小英在被关押一年多后，被国民党扔进了孤儿院。淞沪抗战期间，两个孩子在战乱中失散。之后党组织多方寻找，始终未能找到孩子的下落。

新中国成立后，何孟雄等"龙华二十四烈士"的遗骸被找到并被安葬，最终迁至上海市龙华烈士陵园。20世纪80年代，缪伯英的胞弟缪立三捐赠了一批烈士遗物，其中包括印有"伯雄藏书"章的《前锋》创刊号和第二、三期杂志。

"像《前锋》这样的历史遗物，可以作为历史研究的一手资料，具有无可替代的史学价值。"邹强对记者说。正如刊物的名字《前锋》一样，烈士们的故事和精神跨越了时间和空间，无声地彰显着信仰的力量。

（文／尹洁）

蔡和森与二大宣言

　　他是第一个明确提出成立中国共产党的人，也是第一个提出"打倒帝国主义"口号的人。他27岁时参与起草的《中国共产党第二次全国代表大会宣言》（以下简称二大宣言），已经成为珍贵文物，那字里行间散发的人类理想之光，在百年后仍令无数人血脉贲张。他的人生只有短短的36年，但他的名字不朽——蔡和森。

▲ 蔡和森（1895—1931），中国共产党早期的重要领导人，
无产阶级革命家、理论家和宣传家。

提出"半封建"和"半殖民地"

1922年6月，从法国回国不久的蔡和森，为党中央起草了《中国共产党对于时局的主张》，并发表在团中央机关刊物《先驱》上。这是中国共产党第一次在报刊上公开提出"打倒帝国主义"的口号。

当时，普通中国人还不知帝国主义为何物，自由主义文人胡适甚至讽刺说，"打倒帝国主义"的口号"很像乡下人谈海外奇闻，几乎全无事实上的根据"。

针对胡适的言论，蔡和森、陈独秀等人都撰文进行了驳斥。李立三曾回忆，正是"打倒帝国主义"这一口号，"推动了中国千百万群众起来进行革命斗争"。

1922年7月16日至23日，中国共产党第二次全国代表大会在上海南成都路辅德里625号召开。出席会议的代表共12名，代表全国195名党员。蔡和森出席会议并当选为中央委员。

鉴于中共一大遭到法国巡捕破坏的教训，二大以小组讨论为主，每次全体会议都要更换地点，小会则基本安排在党员家中。

据张国焘回忆："起草一个政治宣言确是这次大会唯一重要的任务。"为了完成好这项任务，大会推举陈独秀、蔡和森、张国焘组成宣言起草委员会。在多次讨论的过程中，蔡和森提出了许多补充和修正意见。宣言最终在二大全体会议上获得通过。

这份宣言意义重大。早在1920年11月，上海共产主义小组就在陈独秀的主持下起草了一份《中国共产党宣言》，但在中共一大上，这份草案的是黨的活動，這完全是安那其的共產主義。

（七）個個黨員須了解共產黨施行集權與訓練時不應以資產階級的法律秩序等觀念施行之，乃應以共產革命在事實上所需要的觀念施行之。

所以第二次全國大會決議，要說我們中國共產黨成功一個黨，不是學會，成功一個能夠實行無產階級革命大的羣衆黨，不是少數人空想的革命團體，我們的組織與訓練必須是很嚴密的集權的有紀律的，我們的活動必須是不離開羣衆的。

（十）中國共產黨章程

第一章　黨員

第一條　本黨黨員無國籍性別之分，凡承認本黨宣言及章程并願忠實爲本黨服務者，均得爲本黨黨員。

第二條　黨員入黨時，須有黨員一人介紹於地方執行委員會，經地方執行委員會之許可，由地方執行委員會，報告區執行委員會，由區執行委員會報告中央執行委員會經區及中央執行委員會次第審查通過，始得爲正式黨員，但工人只須地方執行委員會承認報告區及中央執行委員會即爲黨員。

第三條　凡經中央執行委員會，直接承認者、或已經加入第三國際所承認之各國共產黨者，均得爲本黨黨員

第二章　組織

第四條　各鄉村各工廠各鐵路各礦山各兵營各學校等機關，及附近，凡有黨員三人至五人均得成立一組，每組公推一人爲組長，隸屬地方支部（如各組所在地尚無地方支部時，則由區執行委員會指定隸屬鄰近之支部或直隸區執行委員會

四八

四九

▲ 1922年7月16日至23日，中国共产党第二次全国代表大会在上海举行。大会通过了党的第一个章程——《中国共产党章程》。

中國共產黨宣言

（一九二二年七月第二次全國大會決定）

（一）國際帝國主義宰制下之中國

（一）

歐美資本主義的發展，多半是靠掠取非洲和亞洲做大市場和大掠奪場，在最近一世紀內，資本主義使奢的積累，造成二十世紀血染遍了的世界資本主義巨大骨幹；那些資本帝國主義者由競爭而出於戰爭，把他們自己造成的建築物，同時他們新的損毀事業又正在準備進行中，還積循環原法靈因而且擴大資本主義的建築物，是近代資本主義發展進程中的必然現象。在現今過程資本主義進程中，全世界帆的趨勢，是近代資本主義發展進程中的必然現象。

有十二萬五千萬的殖民地和被隸迫國的人民（還有資本主義國家裏萬萬數的無產階級）輾轉艱於倫敦、巴黎、紐約、東京等處極少數銀行家工業家和他們政府重壓之下。除非把世界資本主義的組織完全剷除，道種慘酷的現狀是決不會消滅的。道個現象最值得弄個明白，因為個個中國人（不但是勞動階級）都應當知道他自己受痛苦的原因。

世界上的個個資本主義國家都必須幾得最大的市場，來銷售他過剩的商品吸收他需要的原料；而世界上可供掠奪的市場，只有印度、中國、土耳其、摩洛哥、埃及、波斯、高麗、墨西哥・安南、南洋羣島、南部和中部的阿非利洲等地方，因此爭取哪些市場的競爭是死不掉的。競爭的結果，便須訴諸戰爭，一九一四年到一九一八年的世界大屠殺，便發源於

全世界的勞動者聯合起來呵！

中國共產黨宣言

中國共產黨中央執行委員會印行

▲ 1922年7月，中国共产党第二次全国代表大会决定的《中国共产党宣言》。1922年7月16日至23日，中国共产党第二次全国代表大会在上海举行。大会第一次明确提出反帝反封建的民主革命纲领。

部分内容引发了代表们的激烈争论，最终未能通过。这个遗憾在二大上得到了弥补。

二大宣言仍以《中国共产党宣言》为标题，提出在当时的历史条件下，中国共产党的奋斗目标是：消除内乱，打倒军阀，建设国内和平；推翻国际帝国主义的压迫，达到中华民族完全独立；统一中国为真正的民主共和国。这指明了党的最低纲领。宣言也指出，党的目的是要"组织无产阶级，用阶级斗争的手段，建立劳农专政的政治。铲除私有财产制度，渐次达到一个共产主义的社会"。这又指明了党的最高纲领。至此，中国革命的形势向着更清晰的道路前行。

蔡和森之所以被推选为宣言的起草人之一，是因为他对中国国情有着深刻的认识。1922 年 5 月，中共在广州召开了第一次全国劳动大会，蔡和森为这次大会做了大量的宣传和筹备工作。他在《中国劳动运动应取的方针》一文中指出："在中国现在半封建的武人政治之下，无论哪派军阀财阀得势所形成的资本主义，总不外是恐怖的资本主义。"蔡和森是最早用"半封建"一词形容中国社会的人。同年 9 月，在《中国国际问题与承认苏维埃俄罗斯》一文中，蔡和森又明确提出"半殖民地"的概念，认为中国自 1840 年鸦片战争以来，"已被国际帝国主义夷为半殖民地"。

蔡和森对于中国社会本质的精辟分析，与当时中共党内对此问题的认识是一致的，甚至是超前的。

办《向导》揭帝国主义暴行

当选为中央委员后，蔡和森接替李达负责党的宣传工作。中共二大决定出版一份新报纸作为党中央的政治机关报，这项任务就由蔡和森负责。

创办一份传播马克思主义的报纸，是蔡和森多年以来的愿望。他满腔热情地接受了这个任务，很快就创建了《向导》周报。

《向导》是中国共产党在共产国际的支持下，为指导国民革命而创办的第一份政治机关刊物，1922 年 9 月在上海创刊，1927 年 7 月汪精卫叛变革命后停刊，共出版 201 期。

这份报纸主要发表时事政治评论文章，蔡和森任主编，高君宇、李达、瞿秋白、彭述之、张国焘任编委及主要撰稿人，毛泽东、周恩来等人也撰写过稿件。作为主编，蔡和森在《向导》上用"和森"的署名发表了 130 余篇文章，并用"记者"等署名发表了不少文章，对二大制定的民主革命纲领等进行了有力宣传。此外，他还在《向导》上开辟了"外患日志"专栏，揭露帝国主义的暴行，以大量触目惊心的事实激发人民的爱国热情。

由于人手很少，蔡和森一个人几乎承担了《向导》的所有工作，写稿、组稿、编辑、校对……他身体瘦弱，还患有哮喘病，但总是夜以继日地工作，甚至一整天坐在房间里埋头阅读或写作，太累了就倒在床上休息，连衣服也不脱，睡醒了又爬起来继续干。书刊资料堆满了他的房间，几乎找不到可以坐下的地方。

利用《向导》这块舆论阵地，中国共产党积极宣传二大提出的民主革命纲领，大量报道全国各地工人阶级斗争的情况，激发劳苦大众反抗封建军阀的革命斗志和信心。《向导》的发行量最初是 3000 份，很快激增到 4 万份，最高时达到 10 万份。

"猛看猛译"马列书籍

蔡和森的革命道路始于湖南。1913 年，他考入湖南省立第一师范学校，结识毛泽东后，两人因志同道合而成了挚友。当时朋友们对"毛蔡"

的评价是："和森是理论家，润芝是实践家。"

　　辛亥革命之后的中国陷入军阀混战，老百姓的日子苦不堪言。蔡和森和毛泽东团结了一批有志于改造社会的青年，努力寻找拯救中国的道路。1918 年 4 月，他们组织了新民学会，后又创办了《湘江评论》。

　　受法国大革命的影响，当时很多进步青年希望到法国学习、考察。1918 年 6 月，蔡和森受新民学会委托，到北京联系旅法勤工俭学事宜，见到了新文化运动领袖李大钊，交谈之后更加坚定了革命信念。在写给毛泽东的信中，蔡和森说："只计大体之功利，不计小己之利害，墨翟倡之，近来俄之列宁颇能行之，弟愿则而效之。"

　　在追求进步的道路上，蔡和森结识了与自己志向相投的女青年向警予。在他的影响下，向警予也加入了新民学会，两人的接触逐渐增多。

　　1919 年 12 月，蔡和森、向警予等人登上了开往法国的轮船。在 35 天的航程中，蔡、向二人经常一起观看日出、交流思想，感情迅速升温。1920 年 5 月，他们在法国蒙达尼结婚。结婚照上，两人还拿着一本《资本论》。

　　留法期间，蔡和森"猛看猛译"上百种介绍马克思列宁主义和俄国革命的书籍，认为要救国救民，就要走俄国十月革命的道路，就必须建立一个革命政党。他两次致信毛泽东，一次致信陈独秀。在这些信件中，蔡和森第一次提出"明目张胆地成立一个中国共产党"，第一次系统提出了建党理论和建党原则。毛泽东在复信中说："你这一封信见地极当，我没有一个字不赞成。"

　　除了研究理论外，蔡和森在法国期间也做了很多实践工作。他向中国学生积极宣传马克思主义，吸引一批先进分子走上革命道路；他先后三次领导勤工俭学学生的革命斗争，逐渐成长为杰出的学生运动领袖；他与周恩来、赵世炎等人一起筹组中国社会主义青年团，是法国支部的创始人之一。

"匡复有吾在，与人撑巨艰"

1921 年 10 月，蔡和森因领导学生斗争被法国政府强行遣送回国。12 月，他在陈独秀等人的介绍下加入中国共产党，并留在中央机关从事理论宣传工作。向警予也同期回国，后来在二大上当选为中央委员，成为中共妇女部第一任部长。

1923 年，蔡和森参加了中共三大，强调在国共合作的统一战线中，共产党应保持在政治上和组织上的独立性。他撰写文章揭露国民党右派的反动性和中派的动摇性，提醒共产党人要保持警惕。1925 年 5 月，蔡和森参与领导了五卅运动，同年冬赴莫斯科参加共产国际执委会第六次扩大会议，会后任中共驻共产国际代表。在 1927 年召开的中共五大上，他当选为中央政治局委员、常委，后又兼任中央秘书长。

"四一二"反革命政变后，蔡和森极力主张武装工农，反抗国民党反动派的进攻。"七一五"反革命政变后，他连写 7 封信给中央常委，提议中央"重新号召土地革命"。他批评陈独秀右倾机会主义错误，力荐毛泽东进中央政治局，提议举行秋收暴动。

1928 年 5 月，由于叛徒出卖，向警予牺牲于武汉，年仅 33 岁。虽然当时二人已经分手，蔡和森得知消息后仍陷入巨大悲痛之中，他在悼念文章中写道："你不是和森个人的爱人，你是中国无产阶级永远的爱人！"

在白色恐怖的氛围中，蔡和森出席了中共六大，发言总结了大革命及土地革命初期的经验教训，探讨了中国革命的重大问题，并再次当选为中央政治局委员、常委。此后，他曾任中共驻共产国际代表团成员，回国后又被派往广东，担任中共两广省委书记。

1931年6月，因叛徒出卖，蔡和森在香港被捕，随即被港英当局引渡到广州。8月4日，蔡和森在广州英勇就义，年仅36岁。

对于蔡和森的一生，毛泽东曾这样评价："一个共产党员应该做的，和森同志都做到了。"回想1918年，蔡和森满怀一腔救国热情，在去北京的路上写下了一首五言诗《少年行》，其中几句是："匡复有吾在，与人撑巨艰；忠诚印寸心，浩然充两间。"他用年轻的生命，践行了自己的誓言。

（文 / 尹洁）

四大会址，找了 30 年

　　1984 年 5 月的一天，在上海市区北部的东宝兴路附近，一位耄耋老人拄着拐杖，站在一条铁轨旁，反复确认着四周杂乱的工房，最后指着铁轨东边的新工房说："就在这个地方。"

　　这位老人要确认的地点，就是中国共产党第四次代表大会会址所在地。这样的寻找前后经历了近 30 年。

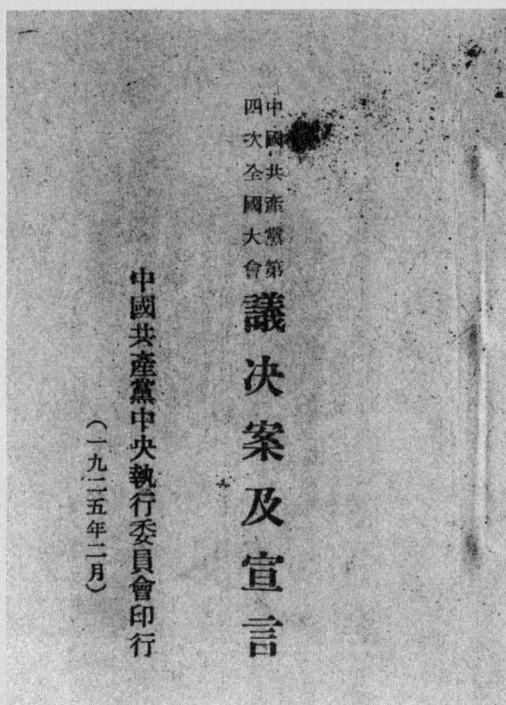

▲ 1925年1月，中国共产党第四次全国代表大会通过的议决案及宣言。

气氛平和的大会

1925 年 1 月的上海寒风呼啸。一天，在临近淞沪铁路天通庵站的虹口东宝兴路上，出现了一些外乡人。他们的口音南腔北调，其中还有一名高鼻梁的外国人。

他们陆陆续续地拐进一条逼仄的石库门弄堂，上二楼，进入一间屋子。屋里的桌子上摆放着一些英文讲义，黑板上写着英文词句，看起来是一个简陋的英文补习班。

一般人很难想到，这间不起眼的屋子就是中国共产党第四次全国代表大会的会场，这群外乡人正是前来参会的各地党员代表。

1 月 11 日至 22 日，中共四大在上海召开，与会正式代表 20 人，代表全国 994 名党员。那位外国人是共产国际代表维经斯基，曾经指导陈独秀、李大钊建立中共早期组织。

除了代表们，大会还有一名书记员，名叫郑超麟。四大召开时，他担任中共中央宣传部秘书，负责会议记录。此外，他还担任了向导工作，从 11 日午后起，陆续将陈独秀、蔡和森、张太雷、周恩来、李维汉、彭述之、李立三等代表带入会场。

当时陈独秀只有 46 岁，却因为在党内的领袖地位被年轻党员们私下称为"老头子"。大会开始后，他坐在正中间，作了第三届中央执委会的工作报告。

彭述之是中共旅莫（斯科）支部推选的代表，也是共产国际指派的人员，在会上作了共产国际第五次代表大会情况和决议精神的报告。维经斯基则带来了共产国际的相关政治议决案，并由瞿秋白译成中文。

这次大会的气氛比较平和，代表们在讨论问题时不像前几次大会那样激烈甚至针锋相对。四大结束不久，彭述之在给旅莫支部的信中写道："此次大会的空气极好，现出和衷一致的精神……现在可以说我党自经此大会之后，已由小团体而转入真正的党的时期了。"

中共四大第一次提出了无产阶级在民主革命中的领导权问题，第一次明确提出工农联盟问题，并对中国民主革命的内容作了更加完整的规定。

一位关键人物

1932年，在"一·二八"淞沪抗战中，四大会址原建筑毁于日军的炮火。随着岁月的流逝，这里的景物几乎都变了模样。

新中国成立后，中共四大召开的具体地点在很长时间里仍然无法确定。一方面是当年条件艰苦，很难保留完整的档案资料；另一方面是时隔多年，许多参会代表已经去世，相关当事人说法不一。

"从1958年10月至1961年7月，上海革命历史纪念馆筹备处先后发函给文化部、武汉大学、江西省委党校等单位，联系查询中共四大的有关情况。他们还派人赴京，到中央档案馆等单位查访，并访问了一些与中共四大有关的人。但因年代久远，当事人的回忆没能形成一个确切的说法。"童科说。

直到20世纪80年代初，《虹口区地名志》编辑组有了突破。他们在1982年的《解放军画报》上看到了"四大会址"照片，照片说明中将会址注为上海"横浜路6号"。《虹口区地名志》编辑组据此开始查访，之后上海市文物保管委员会也加入进来。接着，一位关键人物的出现让寻访工作发生了重要转机，这个人就是郑超麟。

▲ 2021 年 5 月 31 日，全新布展提升后的中国共产党第四次全国代表大会纪念馆在上海重新开馆，基本展陈面积较之前扩大一倍，完整再现 1925 年中共四大在上海召开的历史场景。

郑超麟生于 1901 年，早年赴法勤工俭学，与周恩来等人在巴黎成立旅欧中国少年共产党组织，后赴苏联学习，1924 年归国，在上海的中共中央宣传部工作。由于四大结束后并没有马上退租会场，而是将此处作为中央工农部的宿舍，所以郑超麟又多次来过这儿，对这个地点印象很深。

1984 年，调查人员与郑超麟取得联系，结果《解放军画报》所说的地址被否定了。据郑超麟回忆，四大召开时他居住在静安寺附近，乘有轨电车到北四川路横浜桥下车，从川公路方向进去，走到铁路道口转弯，不过铁路，沿着铁轨往北走不远，有一条弄堂，内有两三排房子，都是比较新的三层楼石库门房屋，其中一幢就是开会场所。

之所以选在这里，是因为它符合两方面的要求：会场不能安排在租界里，以避免出现中共一大开会时，巡捕突然闯入搜查的情况；会场又不能离租界太远，以便一旦发生异常情况，可以撤往租界躲避。

郑超麟在自己写的《怀旧集》中回忆："会场设在二楼，布置成学校课堂的样子……三楼是一部分代表住宿的地方。我们都从后门出入。""外地来的代表食宿其中，他们睡在三楼，二楼开会，楼下客堂；楼梯口装有拉铃，一有意外，就通知楼上。会议期间，未曾发生什么意外。"

1984年5月7日下午，在调查人员的陪同下，郑超麟到实地寻访会址。从横浜桥南面的川公路进去，不一会就看到当年遗留下来的铁轨，但沿铁轨北行不远，周围环境已经变得认不出来了。

郑超麟在脑海中梳理着回忆，最终在川公路与东宝兴路的一段铁轨旁站住，指着铁轨东边的新工房说："就在这个地方。现在新工房的地点，可能就是当年四大的会场所在地。"

为慎重起见，虹口区党史办公室又进行了大量调查工作，取得了不少佐证材料，于1987年4月25日确认今虹口区东宝兴路254弄28支弄8号处为中共四大会址。

从和平坊到广吉里

确定了会址的位置，但它所在的里弄当时叫什么名字，更是一个难题。郑超麟在实地探访时也说，除了铁路如旧，周围环境已经完全变了。

最初寻访四大会址时，调查人员使用的是《民国22年闸北区地图》，该地图将四大会址所在的里弄标注为和平坊。但民国22年是1933年，不能证明1925年时这个里弄的名称。

此外，根据《虹口区地名志》的记载，和平坊"建于1929年"，与四大召开时间也不一致。调查人员又检索了《申报》的数据库，发现"和平坊"一词在《申报》上出现的最早时间是 1932 年 10 月 27 日，内容是一条招租广告。这要比《虹口区地名志》记载的时间更晚。两条不同来源的史料相互印证，基本排除了会址里弄名称为和平坊的可能性。

后来，调查人员找到了一张 1929 年 6 月出版的《上海特别市道路系统图·闸北图》，这张地图将四大会址所在的里弄标注为广吉里。

更重要的是，在《申报》的数据库中，"广吉里"相关条目最早出现于 1914 年，最晚的是 1932 年，其中包括 1924 年、1925 年的多项条目。由此判定，广吉里在四大召开时是存在的。

之后，调查人员又经过多方查证，最终确认四大召开时会址所处里弄为东宝兴路广吉里。

"中共四大召开时，全国党员不足千人。短短两年后，中共五大召开时，党员人数迅速增长到 57967 人，增长了近 60 倍。四大是中国共产党从小到大、由弱到强的重要转折点。"童科说。

"951120"是中共四大纪念馆总结出的一组"红色密码"。童科介绍，"9"代表 9 个历史瞬间，包括四大召开时间、会址原建筑毁于战火的时间、会址被重新确认的时间等；"5"指四大在党史上的 5 个突出贡献，包括首次明确提出无产阶级领导权和工农联盟，第一次将支部明确为党的基本组织等；"11"指四大通过的 11 项议决案和会议文件；"20"指参加四大的 20 位正式代表。

"据统计，四大代表的平均年龄为 29.37 岁。他们大多出生于 19 世纪八九十年代和 20 世纪零零年代，可以说是跨越百年的'80 后''90 后''00 后'。"童科说，"我们希望今天的年轻人可以传承红色精神，也想了很多方法吸引他们的关注，比如入驻一些热门短视频平台，让大家了解中共四大的召开背景、主要成果及历史贡献。希望今天的'80 后''90 后''00 后'能更好地学习党史，了解中共四大的故事。"（文／尹洁）

杨匏安：三大"后勤部长"

百年前的广州城里，紧邻两广总督署的地方有一处杨氏家族的祠堂，人称杨家祠。

1921年春天，杨氏家族里的一位年轻人在杨家祠开办了一个学堂，叫作"注音字母训练班"。所谓注音字母，是辛亥革命之后，由北洋政府教育部颁行的一套汉字注音符号，以取代封建帝制时代的传统注音方法。

虽然课堂上教的是注音字母，学生们读的文章却有些不同寻常，既不念四书五经，也不看西洋文学，他们用注音字母标注的文章里，充满了"革命""斗争""工人"等词语。那位名叫杨匏安的年轻先生，还教给学生一个几乎没人听过的新词——马克思主义。

▲杨匏安（1896—1931），广东香山县人。1921 年加入中国共产党，1923 年 6 月，根据中共三大决定，以共产党员身份加入国民党。华南地区新文化运动和传播马克思主义的先驱。

"谁人不知杨家祠"

"杨氏家族本是香山县南屏乡北山村（今属珠海市）人。清乾隆三十七年（1772年），这个家族在广州设立了杨家祠。杨氏子弟到广州参加科考时，杨家祠便是他们的寓所。1918年，追求革命的杨匏安迁居广州，杨家祠成为他居住、工作的地方。在将近10年的时间里，这座祠堂是中国共产党在广州的重要活动据点，也是中共三大的筹备联络处。"中共三大会址纪念馆馆长朱海仁对记者说。

"五四运动爆发后，杨匏安撰写的长文《马克思主义》在《广东中华新报》连载19次。他是最早在华南地区系统介绍马克思主义的先驱，是中国共产党早期优秀的理论家。"朱海仁说。杨匏安也是中共早期的革命活动家。20世纪20年代初，中共广东支部及中共广东区委建立，由于缺乏活动场所，许多会议都在杨家祠召开。

杨家祠坐北朝南，两进三开间，西边为杨家祠道，紧邻两广总督署（今广东省民政厅），东边为新丰街，前临司后街（今越华路），后边为兵营。大革命时期，鼎鼎大名的"管东渠"（中共广东区委的谐音代号）群英荟萃，陈独秀、谭平山、周恩来、陈延年、林伯渠等经常在此讨论工作。

1920年12月，陈独秀到广州，与杨匏安在杨家祠会面；1921年春，陈独秀与谭平山等组建广州共产党早期组织，又多次到访杨家祠；刘少奇曾在这里汇报过京汉铁路工人大罢工经过；周恩来、邓颖超夫妇也常到杨家祠参加广东区委的活动……就连廖仲恺及其夫人何香凝等国民党左派人

士，也是杨家祠的常客。廖仲恺担任广东省长时，省长公署就在杨家祠隔壁。据杨匏安之子杨志回忆："那时广州的共产党人、革命人士，谁人不知杨家祠？"

杨匏安于1921年加入广州共产党早期组织，次年2月参与创办了广东社会主义青年团机关刊物《青年周刊》。他在创刊宣言中写道："马克思的革命的无产阶级学说，就是指示我们实现社会主义的实际道路。"

《青年周刊》第七期发表了《关于中国少年运动的纲要》，体现了列宁关于殖民地、半殖民地革命问题的思想。列宁认为，殖民地、半殖民地国家要从落后的经济事实出发，首先进行反帝反封建的民族、民主革命，解决民族压迫和封建束缚问题。因此，共产党人要同资产阶级民主革命派结成联盟，并保持自己的独立性。

在此思想的指引下，1923年夏天，杨匏安参与了一件大事——中国共产党第三次全国代表大会。

"管东渠"与"革命三杨"

1923年2月，陈独秀和共产国际代表马林来到广州，一边筹划国共合作，一边筹备召开中共三大。此时的杨匏安主要负责发动铁路工人运动，反对压迫和剥削。

中共一大、二大都是在上海召开的，而三大选择了广州，有着特殊的历史背景。作为孙中山及其领导的国民党长期进行革命活动的根据地，广州的革命气息一直比较浓厚。对于共产党开展的各项进步工作，孙中山和国民党左派不但没有进行限制，还在一些革命活动中给予支持和配合。马林在给共产国际执行委员会的报告中写道："我们在广州有充分的行动自由，而且还能在这里公开举行党的代表大会和劳动大会。"

同年5月，中共中央机关由上海迁至广州，6月12日至20日，三大在广州召开。来自全国各地及莫斯科的正式代表约40人参会，代表全国420名党员。由于大会没能留下完整的人员名单，三大代表的准确人数至今未有定论。在不同版本的参会代表名单中，都没有杨匏安的名字，但他的族叔杨章甫是列席代表之一。

为了大会的顺利召开，中共广东区委安排杨匏安、杨章甫、杨殷负责食宿、接待、安全等具体工作，杨家祠也因此成了三大的筹备联络处，会场选址、会场布置、代表接引、食宿安排等工作都在杨家祠内进行筹备。

经过反复考察，杨匏安等人在广州东山选定了一栋清静安全的两层砖木结构楼房作为开会地点，并以私人名义将它租了下来，即现在的越秀区恤孤院路3号。

这是一家商人的产业，因房主出国经商而暂时空置。楼房底层南边可容纳数十人开会，北边有饭厅，可容纳数十人同时用餐；二楼有两间宿舍，可供部分代表住宿。

同时，杨匏安等人又在会址附近临时租用了一些房子，安排代表住宿，即现在东山庙前西街 38 号。毛泽东参会时就住在这里，他很喜欢这个地方，后来出席国民党一大、主持农民运动讲习所时，都住在此处。

为了保证会议安全，广东区委想了很多办法。据三大北方区代表罗章龙回忆："到广州后，我们立刻换上了一套半长不短的'唐装'，一副广东人打扮。广东区委派有专人负责接待。当时广东区委对外的代号是'管东渠'。我没有固定住所，时而在谭平山家中，时而在广东区委机关，有时还住在第三国际代表马林的住所。我第一次到广州，道路很不熟悉，几乎每一次开会都有人来指引，带我们去会场。"

会议期间，代表们也常到杨家祠活动。瞿秋白一度住在杨家祠里，还在此教大家唱《国际歌》。

杨匏安堪称三大的"后勤部长"。由于各项工作都经过了精心安排，三大的后勤接待、安全保障等没有出现任何差错，食宿、交通也都井井有条，大会因此开得很顺利。杨匏安、杨章甫、杨殷的工作得到了代表们的一致好评，被大家亲切地称为"革命三杨"。

"死可以，变节不行"

三大通过了《关于国民运动及国民党问题的议决案》，决定让共产党员以个人身份加入国民党，建立联合战线。1924 年 1 月，孙中山在共产党人的帮助下召开国民党第一次全国代表大会，正式确立"联俄、联共、扶助农工"三大政策。随后，共产党人大量进入国民党 中央党部工作，杨匏安先后任中央组织部秘书、中央组织部代理部长、中央常委。

在主持国民党改组工作期间，杨匏安日夜奔走，调查阶级状况、办理党员登记、指导组织选举。他顾全大局、诚心待人，赢得了新老党员的一

▲ 1925年初，陈延年与中共广东区委部分成员的合影，左起：冯菊坡、刘尔崧、陈延年、杨匏安。

致信任。这段时期，广东省国民党党员人数由1万多发展到近20万，且大多是工人和农民，共产党人成了其中的核心力量。

对此，国民党右派非常忌恨，几十年后仍对杨匏安咬牙切齿。1956年，蒋介石出版《苏俄在中国》一书，提到谭平山担任国民党中央组织部长后推荐杨匏安为该部秘书，"杨是一个纯粹的马克思主义者""（国民党组织部）在共产党组织的控制之下，由他们用这一关键地位来执行其渗透工作"。这也从反面证明了杨匏安工作的成效。

国共合作一直遭到国民党右派、封建军阀和帝国主义的破坏。孙中山去世后，中外反动势力相互勾结，廖仲恺被暗杀。杨匏安痛心疾首，不顾阻挠全力追查凶手。几十年后，何香凝对此仍念念不忘："中共党员杨匏安，是很积极认真地追查廖案凶手的。"

在国民党二大上，杨匏安当选为中央常委。此时身为"高官"的他，每月薪金有300多块大洋，足以买田置地，但他把绝大部分收入都上交了中共党组织，自己只留下极少一部分作为家用。

蒋介石在"中山舰事件"和"整理党务案"后掌握了更多权力，进一步镇压革命力量，背弃国共合作。1926年春，杨匏安被迫辞去国民党的职务，但仍在广州做统战工作。"四一二"反革命政变发生后，杨匏安到武汉参加中共五大，当选为中央监察委员，之后前往新加坡、吉隆坡等地开展革命运动。

1929年初，杨匏安从南洋回到上海做地下工作。他白天在党报秘密机关当编辑，晚上写作、译书，赚取一点稿费。由于生活困难，他还要利用空余时间推磨做米糍，让母亲和孩子上街去卖。

在这样的环境下，杨匏安编译了《西洋史要》，阐述了西欧各国革命史，特别是国际共产主义运动史。这是我国最早用历史唯物主义观点编写成的西方史著作。

1931年，由于叛徒出卖，杨匏安被国民党特务逮捕。蒋介石多次派人劝降，均遭严词拒绝。蒋介石亲自把电话打到狱中，杨匏安拒绝接听，并愤怒地将话筒摔到了墙上。面对死亡威胁，他斩钉截铁地说："我从参加革命之日起，早已把生死置之度外，死可以，变节不行。"

在狱中，杨匏安惦念着家人。他设法传出纸条，其中一句是"缝纫机，虽穷不可卖去"，因为这是家中重要的谋生工具。他同时告诫家人，千万不能接受国民党要人送的钱物，如不能生活下去，就返回老家。

当时，中共中央一面请宋庆龄、何香凝出面营救，一面准备在杨匏安被押往南京的途中进行武装营救。然而，计划尚未付诸实施，蒋介石便下达了就地处决的命令。1931年8月，杨匏安被秘密枪杀于淞沪警备司令部，时年35岁。

（文／尹洁）

共产国际代表尼克尔斯基：
"一大全家福"最后一块拼图

在上海市中共一大纪念馆的陈列厅里，陈列着中共一大15位出席者的照片和个人履历。这15人中，14人的照片和人生故事都一清二楚，唯有共产国际代表尼克尔斯基的位置，曾在半个多世纪里是一片空白。

2007年9月27日，这处扎眼的空白终于给补上了，尼克尔斯基的大幅照片被郑重地挂在墙上。照片里，他高鼻深目、嘴角含笑，似乎在时空的另一头凝望着世人。

▲尼克尔斯基（1889—1938），列席中共一大的共产国际代表。

肩负的使命

"中共一大有两位共产国际代表——马林和尼克尔斯基。以前很多人认为,马林的职位比尼克尔斯基高,但是这些年研究发现,被共产国际远东书记处派遣前来上海、肩负召开中共一大使命的代表,其实是尼克尔斯基。"中共一大纪念馆陈列研究部主任张玉菡对记者说。

1921年6月初,马林乘坐意大利"阿奎利亚"号轮船抵达上海,几天后即与尼克尔斯基会面。

"马林此行的任务是研究远东各国的运动,调查共产国际是否要在远东建立一个办事处。因此,他在1922年7月11日呈送给共产国际执委会的报告中建议,在广州设立共产国际、红色工会国际办事处。"张玉菡说,"马林的任务里不包括筹办中共一大。荷兰的有关档案显示,马林是收到共产国际远东书记处的命令,配合尼克尔斯基开展工作的。"

尼克尔斯基的主角地位,还体现在他带来了一大笔经费。俄罗斯远东研究所博士卡尔图诺娃在俄罗斯一份档案中发现,尼克尔斯基掌握一笔经费,主要发放给在中国工作的共产国际人员和俄共(布)党员。另据多位中共一大出席者回忆,在一大召开前夕,中共早期组织与共产国际之间从充满隔阂到达成谅解,最终确定了接受共产国际补助经费的具体办法。

"就是在尼克尔斯基和马林的推动下,中共一大才顺利召开的。"张玉菡说。

那么,为什么一些中共一大代表在回忆时,都认为尼克尔斯基是马林的助手呢?张玉菡认为,这与二人的性格、使用的语言、工作经验有关。

马林性格比较刚健，口才善辩，擅长宣传，长期在荷兰从事工人运动工作，后来被派到荷属东印度群岛上从事革命工作，宣传民族资产阶级联合统一、成立印尼共产党，又参加欧洲政坛竞选，经常演讲，讲起话来滔滔不绝；相比之下，尼克尔斯基从事情报工作，性格内敛，话不太多。

此外，马林精通英语、德语，尼克尔斯基除俄语外，只略懂一点英语。而13位中共一大代表基本上对俄语一窍不通，却有好几位懂英语。比如，北京共产党早期组织的代表刘仁静，曾就读于北京大学英文系，能直接阅读英文马克思经典著作；武汉早期组织的代表陈潭秋是英语老师；上海早期组织的代表李达与李汉俊、广州早期组织的代表陈公博、旅日早期组织的代表周佛海都能说英语……这导致尼克尔斯基与中共代表交流的困难。

据包惠僧在《中国共产党成立前后的见闻》中回忆："尼克尔斯基有着一副典型的工人外表，说话缓慢，声音低沉。"张国焘在《我的回忆》中提到李达对尼氏和马氏的初印象，甚至说"尼克尔斯基是助手的地位，不大说话，像是一个老实人；另外一位负主要责任的名叫马林，这个洋鬼子，很骄傲，很难说话"。

艰难的寻找

如今，研究人员已经认识到尼克尔斯基对中共一大的重要贡献。但在历史上很长一段时期里，他像个谜一样，无论是他的照片还是他的故事，人们都无从知晓。1958年，中共一大纪念馆专门辟建了中共创建史陈列室，关于中共一大出席者的展示，最初只放了5个人的头像：毛泽东、董必武、陈潭秋、何叔衡、王尽美。直到20世纪80年代，13位中共一大代表的照片全部展出。之后又加上了马林的照片，尼克尔斯基的则一直空缺。

1986 年，中共一大纪念馆通过外交途径请求当时的苏共中央总书记戈尔巴乔夫给予帮助，寻找尼克尔斯基的照片，无果；2006 年，纪念馆又托中国社会科学院近代史研究所研究员李玉贞帮助寻找，依然无果。之后，李玉贞又请她俄罗斯的朋友卡尔图诺娃博士帮助寻找。卡尔图诺娃查遍俄罗斯各大档案馆，只查到一张尼克尔斯基在狱中被折磨得形象不堪的照片，有关方面不同意将此照片提供给中国。

　　不过，卡尔图诺娃提供了苏共档案文献里尼氏身份的重要信息：尼克尔斯基，真实姓名是弗拉基米尔·阿勃拉莫维奇·涅伊曼，1889 年出生于一个犹太家庭，1921 年起成为一名俄共（布）党员，后长期在远东共和国革命军从事军事情报工作，"尼克尔斯基"只是他的化名之一。

　　"最初查找他的信息时，没想到会如此难找，后来了解到他是情报人员。情报人员很多时候是不能留照片的。"张玉菡说。

　　转机出现在 2007 年 6 月 29 日。那一天，俄罗斯远东国立大学历史学教授阿列克赛·布亚科夫手持"尼克尔斯基"的照片，要求面见一大纪念馆的领导。

　　原来，阿列克赛正在写一本《1920 年—1945 年远东地区情报人员在中国的历史》。他被尼克尔斯基谜一样的人生所吸引，先后向尼克尔斯基工作过的多家档案馆致函查询，但均无收获。绝望之际，阿列克赛收到鄂木斯克州档案馆寄来的光盘，里面有两张照片：一张是尼克尔斯基人事档案封面的照片，另一张是带有他头像的履历表。看到照片，中共一大纪念馆时任馆长倪兴祥喜出望外，但还是决定暂时不公开此事。因为这毕竟是孤证，他担心党史界、文博界未必会认可这张照片。

　　倪兴祥的担心在一个月后烟消云散。2007 年 8 月，蒙古国方面传来消息，蒙古国历史研究所所长达西达瓦也找到了尼克尔斯基的照片。据达西达瓦回忆，2001年，蒙古国人民革命党的一位同志莅临中共一大纪念馆参观后，曾询问他蒙古国是否有尼氏照片。达西达瓦当时肯定地说"没有"，要找只能去俄罗斯找。

达西达瓦与俄罗斯学术界关系密切，通过俄罗斯的学界朋友，他辗转收到了同样是在鄂木斯克州档案馆发现的两张尼氏纸质照片。2007年9月，达西达瓦将照片送至上海。

倪兴祥后来回忆，达西达瓦拿出照片的一瞬，他心中的大石便落了地：两张照片中，一张是尼克尔斯基在1932年前后拍的，与阿列克赛提供的光盘照片相同；另一张则是他在20世纪20年代拍的，离中共一大召开的时间更近。后来，中共一大纪念馆选用的陈列照片正是后一张。

不堪的命运

时间回到1921年6月中旬至7月，全国各地共产党早期组织的代表陆续抵达上海，连同此时已在上海的尼克尔斯基、马林，中共一大出席者共计15位。

7月23日晚，在上海望志路106号（今兴业路76号）一栋石库门楼房的一楼客堂间，中国共产党第一次全国代表大会秘密召开，这标志着中国共产党的诞生。

据中共一大会议写给共产国际的报告，7月23日会上，尼克尔斯基把成立共产国际远东书记处的消息告诉了各位代表。他讲述了俄国革命的情况，并建议与会代表打电报给共产国际远东书记处，报告中共一大的情况。

"尼克尔斯基的发言与建议，与他作为远东书记处特派代表的身份是吻合的。"张玉菡说。

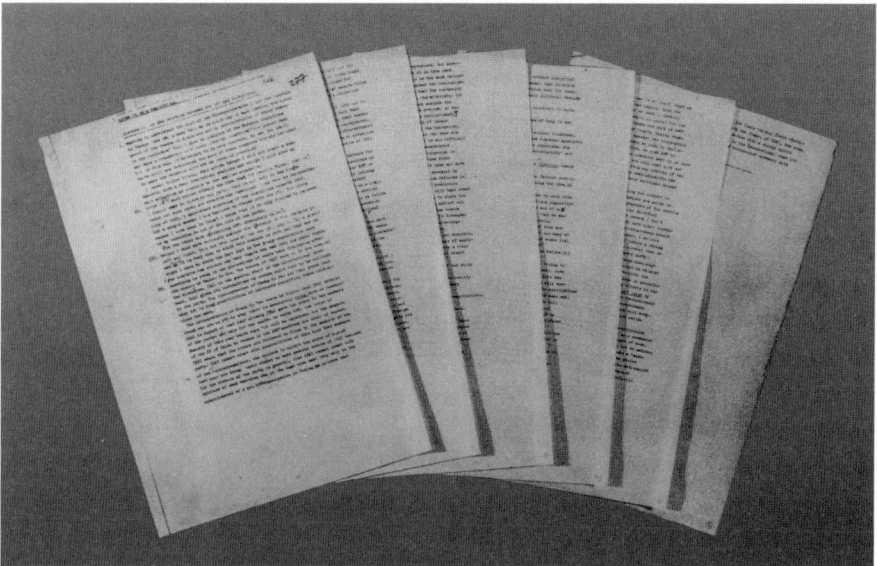

▲马林记录的中共领导人瞿秋白、邓中夏、毛泽东、李大钊、林育南等在中共三大上就国共合作问题的发言。

之后，尼克尔斯基还参加了7月30日晚的第六次会议。在这次会议上，中共一大会场遭到租界"包打听"的窥探和突然搜查，幸亏马林机警才化险为夷。中共一大最后一天的会议移至嘉兴南湖举行，尼克尔斯基和马林因作为外国人过于显眼，均未参加。

中共一大讨论通过了《中国共产党第一个纲领》和《中国共产党第一个决议》，决定设立中央局作为中央的临时领导机构，并选举产生了以陈独秀为书记的中央局。党的一大宣告了中国共产党正式成立，这是中国历史上开天辟地的大事件。

中共一大结束后，尼克尔斯基并未马上回俄国，而是组织有关人员参加远东人民代表大会。"参加大会的中国代表有39人，在当时已经是一个很庞大的团队了，张国焘是团长，王尽美、邓恩铭等都是会议代表。"张玉菡说。

据张国焘回忆，1921年10月，他在前往伊尔库茨克参加远东人民代表大会前，按照陈独秀指示去见尼克尔斯基。尼氏询问他是否已准备御寒衣服，并交给他一张带有针孔暗号的商店名片，告诉了他使用名片过境的具体方法。对此，张国焘评价，"平常不见他多说话，只像是一个安分的助手，可是从他处理这一类的事情看起来，倒是精细而有经验的"。

此后，尼克尔斯基的命运一直与苏联远东情报机关及反谍报工作密切关联。遗憾的是，1938年2月23日，尼克尔斯基被苏联国家安全总局逮捕，罪名是日本间谍以及参加反苏右倾托洛茨基恐怖组织。同年9月21日，尼克尔斯基在哈巴罗夫斯克被处以最高刑罚——枪决，时年49岁。

1956年11月8日，苏联最高法院军事委员会为尼克尔斯基平反，裁定之前的判决缺乏犯罪证据。去世近20年后，尼克尔斯基终于获得了公正的对待。

（文／尹洁）

打印在衬衫上的密令

　　1922 年 8 月，中共领导人陈独秀在上海会见了一名外国人。后者拿出一件衬衫，陈独秀接过仔细翻看，发现衬衫上缝着一块小布条，上面印着几行英文，意思是："中国共产党中央委员会接此通知后，应据共产国际主席团 7 月 18 日决定，立即将驻地迁往广州，并与菲力浦同志密切配合进行党的一切工作。"

　　这是共产国际给中国共产党的一份重要指示，其中提到的"菲力浦同志"便是带来这件衬衫的外国人。在中共党史上，他有一个更广为人知的名字——马林。

▲马林（1883—1942），共产国际代表、荷兰共产主义活动家，印尼共产党和中国共产党创始人之一。

"那个体格强健的荷兰人"

位于广州的中共三大会址纪念馆里，陈列着数件与马林相关的展品，其中包括缝在他衬衫上的共产国际指令（原物收藏于荷兰阿姆斯特丹国际社会史研究所）。据纪念馆工作人员介绍，1921年至1923年间，马林三次来到中国，参与创建了中国共产党，参加了中共一大、三大，对第一次国共合作的形成有着重要影响。

2021年，距马林首次来华整整百年之际，中共三大会址纪念馆与荷兰阿姆斯特丹国际社会史研究所联系，复制了该所收藏的马林档案26件（套），主要是1922年至1923年他在华期间，与中共、共产国际及国民党来往的信件。

在写给共产国际的报告中，马林对中共三大进行了详细记录。1923年6月19日，三大与会代表选举产生第三届中央执行委员会执行委员9名、候补执行委员5名。6月25日，马林向共产国际报告了第三届中央执行委员会的名单及得票情况：陈独秀40票、蔡和森37票、李守常（李大钊）37票、毛泽东34票……这份报告是目前所见到的最早详细记录中共三大选举结果的档案。

在中共早期党员的回忆中，也留下了关于马林的记录。据包惠僧回忆："他（马林）对马克思、列宁的学说有精深的素养，他声若洪钟，口若悬河，有纵横捭阖的辩才……我们在他的词锋下开了眼界。"

张国焘的记录则更加生动："他这个体格强健的荷兰人，一眼望去有点像个普鲁士军人。""（马林）说起话来往往表现出他那议员型的雄辩家的天才，有时声色俱厉，目光逼人。他坚持自己主张的那股倔强劲儿，有时好像要与他的反对者决斗。"

这是马林首次来华时给代表们留下的印象。当时他不到 40 岁，既有充沛的精力，也有丰富的斗争经验。

中共一大快要结束时发生了一次"险情"，马林的经验发挥了重要作用。当时代表们正在李汉俊家里开会，有人突然闯入，声称找"社联的王主席"，李汉俊将其打发走后，马林询问了情况，断定来者不善，提议马上休会，让大家迅速转移，这才躲开了随即到来的搜查。

"来中国前，马林在荷兰、印尼都从事过革命工作。他一听李汉俊的描述，立刻断定来者是探子。上海石库门房子通常是走后门的，因为事态紧急，代表们当时都是从前门撤离的，只留下李汉俊和陈公博两人应对局面。10 多分钟之后，法租界的巡捕就到了。"中共一大纪念馆陈列研究部主任张玉菡对记者说。

为中国苦力遭殴打感到气愤

马林的斗争经验来自丰富的革命经历。1883 年，他出生于荷兰鹿特丹一个贫穷的家庭，17 岁就当了铁路工人，早早体会到阶级矛盾导致的社会不公，也锻炼出顽强的、勇于反抗的性格，并主动投身于社会主义运动中，先后加入了荷兰社会民主党和铁路工会。

1907 年，马林成为荷兰社民党首位市议员。几年后，部分荷兰工会参加了国际海员罢工，但荷兰社民党的多数成员表示反对。马林厌倦了两派的争吵，决定前往荷属东印度传播革命思想。

荷属东印度是指 1800—1949 年间，荷兰人所统治的东南亚地区的印尼群岛。1913 年，马林抵达这一地区后，积极领导工人运动，反抗荷兰殖民者的统治，并于次年参与创建了东印度社会民主联盟（印尼共产党前身之一）。这些活动招致了荷兰殖民当局的反对，也不符合荷兰社民党多数成员的意见。于是马林在1916年退出荷兰社民党，加入了荷兰共产党。

俄国十月革命后，在荷兰殖民当局的胁迫下，马林离开印尼回国，继续发动工人运动。由于与荷共领导人发生分歧，他逐渐被边缘化。1920年，马林作为印尼共产党代表前往莫斯科，出席共产国际第二次代表大会，当选为共产国际执行委员和民族殖民地问题委员会书记。在这次会议上，列宁对马林留下了深刻印象，决定派他前往中国，帮助中国的共产主义者建立政党。

"共产国际二大讨论了如何在殖民地和落后国家开展革命工作，列宁认为共产主义者要联合当地的资产阶级民主派，一起开展民族独立运动，所以非常看重马林在殖民地的斗争经验。"张玉菡说。

1921年4月，马林从欧洲出发，经过长途航行，于6月3日抵达上海。由于是国际知名的革命者，他首次来华的旅途颇为曲折：途经维也纳时被当地警方逮捕，关押6天后被驱逐出奥地利；警方通过外交渠道将马林的行踪向沿途各国和地区发出通告，导致他在途经科伦坡、新加坡、香港等地时，不断遭到严格盘问和检查；他到达上海之前，荷兰总领馆已经向上海公共租界、法租界通报有一个"危险人物"将到上海的消息。

虽然是第一次来到中国，马林却很快认识到中国人民所遭受的压迫之深。张国焘曾提到一件事：有一次，马林在街上看到一个外国人欺侮中国苦力，愤怒之下挺身而出，与那个外国人大打出手。

但同时，张国焘感到马林有时流露出"亚洲人民落后""东方社会主义者幼稚可笑"的看法，觉得马林"沾染了一些荷兰人在东印度做殖民地主人的习气"，甚至是"社会主义的白人优越感"。

张玉菡则认为，马林对中国人民抱有深切的同情，因此更急切地希望人民觉醒、团结起来。在写给共产国际的报告中，马林详细描述了自己看到的情况："中国人，特别是苦力，常常在街上遭到这些欧洲文明人、印度巡捕和中国警察的殴打。我每天都为此感到气愤，这里的情况比爪哇还要糟糕。中国苦力忍气吞声、挨打受骂一事，说明工人阶级的革命精神远未培育起来……黄包车夫顶着烈日奔跑在亚热带的风雨中，一天只能挣到5角钱。他们没有组织起来。"

高唱着《国际歌》就义

为了贯彻列宁的思想，推动中共与资产阶级民主派结成临时联盟，中共一大召开后的一年里，马林多次与国民党方面接触，积极推动国共合作。1921 年 12 月，在张太雷的陪同下，他与孙中山进行了会谈。

这段时期，马林还在广州进行了考察，认为这里具备革命的有利条件，包括相对发达的工人运动、快速发展的中共党团组织，而且广州是孙中山的革命大本营，便于两党展开合作。但孙中山不接受党外联合的办法，只同意共产党员以个人身份加入国民党。当时中共大多数领导人不接受这个方案，认为国民党是一个资产阶级政党，共产党员加入进去，有丧失自身独立性的危险。

1922 年 7 月，马林回到莫斯科，向共产国际做了工作汇报。他认为中国共产党的力量比较弱小，需要与国民党合作才能推动中国民族革命运动。共产国际认可了马林的观点，于 7 月 18 日正式批准他关于实行国共合作、共产党人加入国民党、中共中央驻地迁往广州等建议。

与此同时，中国共产党第二次全国代表大会在上海召开，决定加入共产国际，成为它的一个支部。之后不久，马林将共产国际的指令用英文打印在一块白色绸缎上，缝进自己的衬衫里，再次回到了上海。

1922 年 8 月 29 日至 30 日，中共中央执行委员会在杭州西湖召开特别会议，马林出席。会上，大多数人仍反对以加入国民党的方式实现国共合作。经过马林的解释和说服，会议做出了在孙中山改组国民党的前提下，由共产党少数负责人以个人身份先加入国民党，同时劝说全体党员以个人名义加入国民党的决定。

　　至于将中共中央驻地迁往广州，由于 1922 年 6 月陈炯明叛变革命，广东局势迅速变化，共产国际的指令一时无法执行。直到 1923 年 2 月孙中山重返广州之后，中共中央才于同年 4 月底迁到广州。

　　1923 年 1 月，马林再次赴莫斯科向共产国际汇报国共合作事宜，之后带回了共产国际要求中共尽快召开三大的指示。6 月，中共三大在广州召开，中心议题就是国共合作，最后决定共产党员以个人名义加入国民党，建立革命统一战线，同时提出必须坚持中国共产党在政治上、组织上的独立性。

　　"马林为中国共产党的创建、为第一次国共合作做出了重要贡献。他的革命经验、斗争经验，对中共早期工作起到了推动作用。"张玉菡说。

　　但是，对于国民党右派的反共阴谋，马林缺乏足够的认识，这也为后来大革命的失败埋下了隐患。另外，马林的性格让他与中共领导人之间的关系并不融洽。1924 年 1 月列宁逝世后，马林被共产国际召回。在莫斯科，他又与共产国际东方部产生了观点分歧，于是辞职回到荷兰，担任荷兰共产党的领导人。

　　1933 年，马林当选为荷兰下议院议员，此后一直利用此身份领导荷兰工人运动，直到第二次世界大战爆发。1940 年，德国纳粹占领荷兰，马林组织了游击队抗击侵略。1942 年，他被纳粹抓获，4 月 13 日被枪决。临刑前，马林视死如归，仍然高唱着《国际歌》。

（文 / 尹洁）

四大代表阮章：我们期待与您"见面"

在位于上海的中共四大纪念馆里，陈列着当年与会代表的照片。在20名正式党代表中，只有一人的照片是缺失的，灰色的相框下面写着他的名字——阮章。

这个名字背后，有一段曲折的找寻故事。2022年1月，中共四大纪念馆召开了一场学术研讨会。与会者来自天津、河北、辽宁、上海、广东，其中有党史专家，有公安系统的刑侦鉴定警官，有地方宣传部门的负责人。研究人员用多年来搜集到的资料证明，阮章是"最年轻的中共四大代表、北方工人运动的先驱者之一"。

▲中国共产党第四次全国代表大会遗址。

艰难的寻找

1925 年 1 月，在上海虹口东宝兴路的一条石库门弄堂里，一群穿着各异、口音不同的人聚在二楼的一间屋子里开会。

这间屋子很简陋，从桌上摆放的英文讲义、黑板上写的英文词句看，就是一个英文补习班。坐在正中间的是一名 40 多岁的中年人，目光炯然、语调铿锵，正在作报告。围绕在他身边的大多是知识分子模样的年轻人，听得聚精会神，现场气氛既严肃又平和。

作报告的人正是陈独秀。这间屋子，就是中国共产党第四次全国代表大会的会场。多年后，为了确定当时在这里开会的究竟有多少人、他们都是谁，研究者投入了大量的时间和精力。

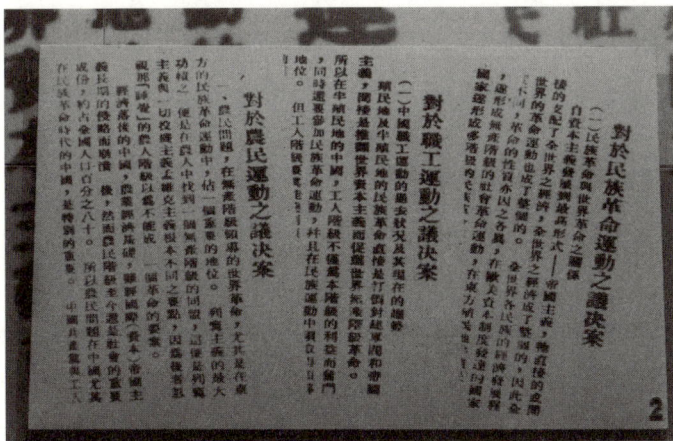

▲中国共产党第四次全国代表大会，第一次提出了无产阶级领导权问题，第一次提出了工农联盟问题。

中共四大第一次提出无产阶级在民主革命中的领导权问题和工农联盟问题，但这次大会没有留下关于代表姓名的原始资料或会议记录，研究人员只能通过亲历者的回忆以及相关文件材料进行对比分析，确定参会代表。

"在目前确认的四大正式代表中，阮章是最年轻的，也是唯一缺少照片的代表。这是我们纪念馆的一个遗憾。"中共四大纪念馆馆长童科对记者说。

据童科介绍，早年上海市虹口区委党史办曾到各地收集阮章历史资料，经研究，确认了他的四大代表身份，但始终没有找寻到阮章的照片。为了让历史更加完整，从2014年起，虹口区委党史办、中共四大纪念馆等单位开始了新一轮的阮章史料征集和照片找寻工作。

在8年时间里，研究人员先后走访中山、唐山、天津、锦州、石家庄、哈尔滨、牡丹江、朝阳、北票、秦皇岛等地，发现多张被认为可能是阮章本人、或与其相关的照片，以及不同时期的史料。

由于历史久远，这些照片大多像素数值低，形象差异大，成像不完整，不仅缺乏个体照片的辨识度，也难以区分集体照人像的相互关系。于是研究人员又联系了上海市公安局刑侦总队，邀请物证鉴定中心的专家参与考证工作，借助人像数据分析技术研究相关照片，用工作人员的话说，这个过程"就像破获历史疑案一样"。

档案里的珍贵记录

在天津、唐山、锦州、北票等地寻访到的史料中，一张来自《1919年南开中学第13次毕业班同学录》的照片，引起了研究人员的极大关注。

2021年6月，天津博物馆举办了"红色记忆——天津革命文物展"，其中一件展品就是《1919年南开中学第13次毕业班同学录》，捐赠者是南开觉悟社成员、原北京市委书记马骏的后人。

"我们了解到，阮章与马骏是同班同学，由此获得了具有官方性质的阮章照片新线索。我们还了解到，河北省档案馆有一张'1922年职工同人联合会代表欢迎邓培回唐'的合影照片，通过扫描，又获得了一张具有一定辨识度的相关照片。"童科说。

对于来自不同地区的照片，刑侦鉴定专家采用了"人像客观数字分析比对检验"和"人像特征主观比对检验"的手段，认为从民间渠道获得的阮章南开中学毕业照，与《1919年南开中学第13次毕业班同学录》中的阮章照片是一致的，由此可以初步确认阮章南开中学毕业照的真实性、可靠性。

接下来，以南开中学毕业照为基点，专家又在另外两张合影中发现了与阮章吻合程度较高的人像，而从北票、锦州搜集到的照片则与阮章的人像吻合程度较低。

"至此，关于中共四大代表阮章史料征集与照片找寻工作，暂告一个段落，基本解决了一个历史空白问题，初步打开了研究局面。"童科说。

随后，相关单位共同举办了"阮章史料征集与学术研讨会"。在会上，南开中学理事会理事长孙海麟详细介绍了他们是如何从校史档案中"寻找阮章"的。

1916年，阮章由天津扶轮中学转学，插班进入南开中学二年级就读。由于当时实行中学四年不分初高中的学制，他于1919年6月从南开中学毕业。

查阅档案，在1917年出版的《天津南开学校千人纪念同学录》上，有阮章入学登记的资料；在1918年出版的《天津南开学校民国七年夏季同学录》上，有阮章中学三年级时的学籍记录；在1919年出版的《南开学校同学录》上，有阮章中学四年级时的学籍记录；在1920年出版的《民国九年秋季南开同学录》上，有阮章从南开中学毕业离校的档案记载。

此外，南开中学还找到了1919年阮章所在班的"本班毕业师生全体纪念合影"，之后又在天津革命文物展上发现了那本珍贵的同学录，从里面找到了阮章在南开求学时期的资料，包括他的个人照和一些合影，而且每张照片里都标注了他的名字。这些资料为最终确定阮章照片提供了关键依据。

"下一步，我们将在研讨会的基础上加强与相关部门和各地有关人员的联系，并向中央党史文献研究院申报阮章照片，进行审核确认。此外，我们还将继续征集关于阮章的文物史料，丰富纪念馆展陈内容。"童科说。

最年轻的代表

虽然阮章的照片确认尚待审批，但根据目前掌握的史料，他的生平已经有了比较清晰的脉络。

他的祖籍是广东中山南朗镇左步村，1902 年生于上海，曾住在虹口附近的红旗桥小菜市。4 岁时，因生活所迫，阮章随父母来到唐山。他的父亲在京奉路唐山制造厂（今中车唐山机车车辆有限公司）里当翻砂工。

阮章 7 岁时被父亲送入小学读书，毕业后考入天津扶轮中学，一年后转入南开中学。1919 年，阮章高中毕业，成为京奉路唐山制造厂的一名练习生。

京奉路唐山制造厂，俗称唐山南厂，是我国最早建立的铁路工厂，也是我国北方工人运动和党的活动开展较早的地点。1920 年，李大钊成立了马克思学说研究会和北京共产主义小组，曾派人到唐山南厂开展活动，与工运负责人邓培建立了联系。从此，南厂的革命活动迅速发展起来。1921 年春，邓培将南厂的"职工同人联合会"改组为工会，阮章被选为工会委员之一。

据工友们回忆，阮章为人诚实纯朴，性格开朗，待人和蔼可亲，工友委托他办事从不拒绝。一次，一位姓陈的工友因生活所迫，从厂里拿了一块铁卖掉，被发现后，厂方要开除他。阮章得知后多次和厂方交涉，这位工友才没被开除。从此，工人们有事都愿意找阮章商量。

1921年7月，唐山社会主义青年团成立，阮章是首批团员之一。为了让工人们学习知识，同时宣传马克思主义，阮章、李树彝等31人发起成立了唐山工人图书馆，里面既有普通的书籍、报纸，也有马列著作和《新青年》《向导》等革命刊物。

不久后，阮章等人在图书馆旁边又创办了一所工人夜校。在给工人们讲课时，阮章说："咱们工人不盖房，谁也没有住处；工人不织布，谁也没有衣穿。世界上哪个人离开工人也不能活，这不是工人的伟大吗？可是，工人为什么受穷呢？这不是命里注定的，是因为受了有钱人的剥削。有钱人不劳动，光享福，咱们工人整天流汗，祖祖辈辈受苦，这是世界上最不合理的事情。"

1922年4月，经邓培介绍，阮章加入了中国共产党。中共唐山地委成立后，领导南厂工人举行了大罢工。当时南厂的厂长、技师、监工等管理岗位都是英国人，因此罢工宣言、要求条件、交涉信件等都使用了中英两种文字。这些都是由阮章和唐山大学的学生起草拟定的。英国人看到这些文件时大吃一惊，感到中国工人不是那么容易欺负的。罢工最终取得了胜利。

1924年2月，全国铁路总工会在北京成立，邓培被推选为委员长，经常要到外地活动。上级决定，在邓培离开唐山时，由阮章代理唐山地委书记。

1925年1月11日至22日，中共四大召开。邓培是中共第三届中央执行委员会候补委员，本应参会，但他向工厂请假时未能获得批准，于是阮章便作为四大代表赴上海出席了大会，也是最年轻的一位代表。

同年8月，阮章被工厂调到东北锦州机务段任副稽查（即副段长）。他用这个身份作掩护，继续进行革命工作。

当时由于军阀混战，铁路运输十分繁忙，乘务人员有时一天吃不上一顿饭，加上铁路不断被破坏，随时有车毁人亡的危险，所以工人们整天提心吊胆。阮章看到这些情况，立即代表铁路工人向驻军郭松龄部提出了三项要求：乘务员出乘要支给双薪，工人如有伤亡要给抚恤金，军阀士兵不准进入工人住宅，如不答应就罢工。在阮章的领导下，工人团结一致进行斗争，驻军不得不答应了所有要求。

　　为了革命事业，阮章多年东奔西走，夜以继日地工作，最终积劳成疾，患上了肺结核病。患病期间，他仍不肯休息，导致病情加重，卧床不起。1926年1月，党组织将他送到秦皇岛住院治疗，却没能挽救他的生命。3月16日，阮章在医院逝世，年仅24岁。

（文 / 尹洁）

共产国际代表维经斯基：
为中共四大踏上"协调之旅"

在热播电视剧《觉醒年代》中，有这样一个细节：1920年，一名外国人在上海与陈独秀见面时，想按照西方习惯拥抱对方，陈独秀却做了一个抱拳的动作，说："按中国的习俗来。"这名外国人马上说："那我们就握个手吧。"陈独秀微微一笑说："这个可以。"

这名外国人，就是共产国际派到中国的第一位代表——维经斯基。

20世纪20年代，共产国际为帮助中国革命，先后派多位代表来华，维经斯基是其中比较突出的一位。1920年4月到1927年5月，他先后6次来华，7年间累计在中国度过了4年时光。除了第一次"播种之旅"，值得大书特书的还有1924年底到1925年初的"协调之旅"。

▲维经斯基（1893—1953），是在北京和上海与中国共产主义者直接联系的第一个苏联党员。

最早的"架桥者"

著名国际共运活动家马克·卡扎宁曾这样描述维经斯基:"他个头不大,脸上棱角分明,有一双明亮的、能看透人心的眼睛。他说话很简洁,有时还不太连贯,但意思表达永远是干净利落……"

维经斯基于 1893 年出生在俄国,20 岁时移居美国,1915 年加入美国社会党,开始从事政治活动。十月革命胜利后,他回到祖国,加入俄共(布),后来进入共产国际,负责远东事务。

1920 年 4 月,经共产国际批准,俄共(布)远东局海参崴分局外国处派维经斯基偕妻子库兹涅佐娃,在翻译杨明斋的陪同下来到中国,目的是了解五四运动后中国的情况,以及能否建立共产党组织的问题。

一行人达到北京后,在北京大学俄语外教的介绍下,见到了李大钊。维经斯基当时取的中文名字叫吴廷康,他对李大钊说:"共产国际知道中国发生过几百万人罢工、罢课、罢市的革命运动,所以派我到中国来看看。"

李大钊十分高兴,第二天就把他们请到了北大图书馆,就建党问题进行了深入探讨,最后写了亲笔信,介绍维经斯基去上海见陈独秀。

"当时苏俄政权刚刚建立,在中国人心目中的形象很好,所以维经斯基初次来华时是非常受欢迎的。"中共四大纪念馆研究馆员孙露依对记者说。

包惠僧曾经回忆,维经斯基中等身材,说一口流利的英语,在上海"与陈独秀一见如故"。陈独秀还专门邀请各界知识分子,多次举行座谈会,请维经斯基介绍俄国十月革命及革命后的巨大社会变化。

1920 年 8 月,维经斯基从上海给俄共(布)中央西伯利亚局东方民族处写了一封信，说："我们对最近工作的展望是，希望在这个月内把各种革命学生团体组织起来，建立一个总的社会主义青年团。"

在维经斯基的协助和推动下，陈独秀等人的建党计划也加快了速度：1920年8月，上海共产主义小组、上海社会主义青年团成立；《新青年》《劳动界》《共产党》等进步书刊的社会影响力迅速扩大；劳动补习学校、外国语学社等进步教育机构也有了显著发展，维经斯基和夫人库兹涅佐娃、杨明斋还在外国语学社里教俄语。

同年11月中下旬，在陈独秀的建议下，维经斯基又在上海会见了孙中山，双方进行了两个小时的座谈。

为了向共产国际汇报工作成果，维经斯基于1921年春回国，因此未能参加中共一大。但他首次来华期间的各项工作，为中共一大的召开打下了坚实的基础。

"维经斯基用他丰富的革命经验，为中国共产党的建立提供了帮助。"孙露依说。许多建党亲历者称维经斯基是协助中国共产党成立的"最初且最有贡献的人"。那段时期，他成为中共与共产国际之间的一座桥梁。

弄堂里的"神秘外教"

1923年，中国共产党接受共产国际的建议，确定了共产党员以个人名义加入国民党、与后者建立革命统一战线的方针。随后，国共合作持续推进，双方关系似乎步入了一段"蜜月期"。但实际上，国民党右派一直在制造摩擦。1924年6月，邓泽如、张继等人向国民党中央执行委员会提出了《弹劾共产党案》，称共产党员加入国民党"确于本党之生存发展有重大妨害""不宜党中有党"。此后，两党之间的矛盾愈演愈烈。

"当时，在国共合作的一些问题上，以陈独秀为代表的中共中央与共产

国际代表鲍罗廷之间产生了严重分歧，共产国际因此再次派遣维经斯基来华协调工作，让一拖再拖的中共四大顺利召开。"孙露依说。

1924年底，维经斯基抵达上海，与陈独秀、彭述之组建了中共四大提案起草委员会，确定了大会的中心议题。12月19日，维经斯基给共产国际东方部主任拉斯科尔尼科夫写了一封信，通报了中共四大的筹备情况。他在信中写道："在一周时间内，我们这里举行了中央全会……代表大会的中心议题是党渗透到城市工人群众中去的问题，也就是从在小组中做宣传工作过渡到在工厂中做鼓动工作的问题，向工人们说明现在中国政治斗争的基本因素。"

此外，维经斯基还在信中汇报了上海工人运动的发展情况："在上海一地，党已在纺织工人、机械工人和烟草工人中间成立了地下工人组织，并且都设有由工人组成的执行委员会……自今年7月以来，我们建立了8所工人学校，这些学校是我们进行合法宣传的中心。"

1925 年 1 月，中共四大在上海虹口的石库门弄堂里召开。由于要提防外国巡捕和国内军阀的破坏，位于二楼的会场被布置成英文补习班的样子，还摆放了课桌椅和黑板。为了让这个"英文补习班"更加令人信服，每一名代表面前的桌上都放了一本英文书，而能说一口流利英语的维经斯基，也自然而然地当起了"外教"。

在这次大会上，维经斯基带来了他起草的两份文件——《对于农民运动之决议案》和《民族革命运动之决议案》，并由中共代表瞿秋白译成中文。在决议案中，维经斯基强调了中国农民革命的重要性："中国的民族革命运动，必须有最革命的无产阶级的有力参加，并且取得领导地位，才能够取得胜利。"

中共四大总结了国共合作以来的经验教训。对于陈独秀与鲍罗廷之间的分歧，经过维经斯基的调解，决定由中共中央和鲍罗廷组成预算委员会，确定共产党的经费数额，同时中共在工作中接受鲍罗廷的指导。

1925 年 2 月，回到莫斯科的维经斯基给中共中央和鲍罗廷写了一封信，强调共识的来之不易。1926 年 6 月，维经斯基最后一次来华，在广州进行了一个月的实地考察，分析了国民党右派反复制造分裂的原因、后果以及共产党应该采取的对策。

"四一二"反革命政变之后，共产国际认为维经斯基在工作中犯了重大错误，将他调离了中国。对于大革命的失败，维经斯基也做了反思，并主动揽责："对中国共产党所犯的错误，我要承担很大的责任，要承担比中国共产党领导更大的责任。"1927 年 6 月，他启程回国，结束了自己在中国的工作。

他更懂得求同存异

维经斯基能在上海取得显著的工作成效，与他的性格有很大关系。14岁时，家境贫寒的他曾在俄国一家印刷厂里当了3年排字工人，之后又到另一个地方当了3年会计。这两份工作让维经斯基养成了处事沉稳、行事严谨的作风。以至于他来到中国后，被大家误以为是学经济统计出身的，因为在座谈中，他对苏俄国民经济发展的相关数据记得很清楚，可以随口引用。

此外，维经斯基的阅历也很丰富，懂得如何与不同文化背景的人打交道。因为穷困，他在青年时代前往美国谋生，一边做工一边学习，5年时间里不仅开阔了眼界，练就了一口流利的英语，也参与了很多政治活动，这些都为他日后在中国的工作奠定了基础。

第一次与陈独秀见面时，这个高鼻梁、蓝眼睛的外国人态度谦和、平易近人，说话做事细致周到，给陈独秀留下了很好的印象。当时中国饱受西方列强欺凌，因此革命者普遍怀有强烈的民族情感。共产国际代表如果不了解、不注意这一点，很容易给中国同志留下"高高在上""傲慢"的印象。

相比后来的马林等人，维经斯基更加懂得求同存异的道理。他与陈独秀并非没有分歧，比如在中国共产党是否可以吸纳无政府主义者的问题上，维经斯基认为是可以的，陈独秀则坚决反对。

由于不太了解中国的复杂情况，维经斯基从个人经验出发，认为所有宣传过社会主义、从事过工人运动和学生运动的社会团体，都可称为"革命小组"，并试图借助陈独秀、李大钊的威望将这些团体统一起来，组建成共产党。陈独秀则认为，建党应有严格的标准和条件，必须以信仰马克思主义、共产主义为首要前提。

虽然观点有所不同，二人却没有发生冲突，更没有影响工作上的配合。维经斯基最终接受了陈独秀的意见，终止了与无政府主义者的合作。这种态度和作风赢得了不少人的好感。罗章龙回忆说："维经斯基这个人工作很细致。他来了之后，除了开座谈会，介绍苏俄情况，了解中国情况之外，还找人个别谈话。通过个别谈话，可以了解座谈会上不易得到的情况。"

张国焘的评价是："他（维经斯基）的一切言行中并不分中国人与外国人或黄种人与白种人，使人觉得他是可以合作的同伴。他那时对于中国情形还不熟悉，也不妄谈中国的实际政治问题。他这种谦虚的态度表现在他很推崇陈独秀先生和他在上海所接触的中国革命人物，总是说他们都是学有专长的……也许这就是他能与陈独秀先生等相处无间的最大原因。"

在写给共产国际的信中，维经斯基不仅肯定了陈独秀的建党筹备工作，还称赞他是"一位享有声望的中国革命者"。陈独秀也通过维经斯基认识到共产国际的重要性，曾对张国焘说："如果能与共产国际建立关系，无论是在马克思主义理论上，还是共产主义运动实际经验上，都可以获得莫大的帮助。""如果共产国际能派一位得力代表做我们的顾问，我们也将获益不少。"

遗憾的是，共产国际后来派的代表大多以居高临下的姿态对待中国共产党人，也对中国革命造成了伤害。

回国后的维经斯基脱离了共产国际的政治事务，担任了全俄农业合作社园艺中心副主席，后来从事学术研究和教育工作，1953 年病逝于莫斯科，终年 60 岁。

（文／尹洁）

《中国工人》写进四大决议

在中华全国总工会机关大楼的档案室里，珍藏着一批距今近百年的工人运动史料。其中有一本边缘泛黄的杂志，封面图案和色彩仍十分醒目：鲜红的两道横杠构成封面的上下边框，中间一道"顶天立地"的竖杠，与横杠组成了"工"字形状；"工"字右半边印着鲜红的刊名《中国工人》，左半边则用蓝色印刷字体列着内容目录——《工农军与北伐》《工人与党》《南洋烟厂罢工失败的原因与所得的教训》《中国工人阶级的责任》《罢工的战术》……

翻看这些文字，那段风云际会的历史仿佛又呈现在眼前。20世纪20年代，在轰轰烈烈的大革命和工人运动中，那些为理想与信仰而发出的声声呐喊，似乎仍在字里行间回荡。

这本杂志就是创立于1924年10月的《中国工人》创刊号。它的第一任主编是中共二大代表罗章龙，而它的发展过程又与中共四大有着直接联系。

▲罗章龙（1896—1995），湖南浏阳人。1920年10月，加入北京的共产党早期组织。在中共三大、四大、五大、六大上，均被选为中央委员或中央候补委员。

在工人运动高潮中诞生

《中国工人》创刊号上既没有发刊词，也没有对主办者的描述，作者们更没有署全名或真名。在当时的政治环境下，创建一本宣传马列主义的政治刊物是相当艰难的事情。

中国共产党对于革命宣传工作一直非常重视。早在建党之初，一大通过的决议便提出"党应在工会里灌输阶级斗争的精神"，因此于1921年8月成立了中国劳动组合书记部，在上海、湖北、湖南、广东、山东设立分部，通过创办工人学校、发行工人读物宣传马克思主义，同时发动和组织工人举行罢工。

"中国共产党的理论宣传工作是不断发展的。对于如何将马列主义基本原理同中国革命实际相结合，早期的共产党人经历了一段艰辛的探索过程。"中共二大会址纪念馆副馆长尤玮说，"在中共一大上，李达当选为中央局成员，负责宣传工作，曾任中共第一个党刊《共产党》的主编，并创办了中共第一个出版社——人民出版社；在中共二大上，代表们讨论了党成立一年来在宣传马克思主义等方面取得的进展，蔡和森当选为中央执行委员会委员，负责宣传工作，并担任中共中央机关报《向导》周报的第一任主编。"

然而，1923年"二七惨案"发生后，由于各地军阀的严厉镇压，工人运动陷入低潮。宣传工作变得更加困难，但并没有停止。

"1923年6月至7月，《新青年》季刊、《前锋》月刊相继创立，都由瞿秋白任主编，再加上《向导》周报，以这几本报刊为主体，中共政治理论宣传体系得到进一步健全。"尤玮说。

1924年1月，第一次国共合作正式建立，全国工人运动再次兴起并走向高潮。为了加强宣传工作，中共中央决定再创建一本理论刊物，就是《中国工人》，罗章龙成为第一任主编。

出生于湖南浏阳的罗章龙，是中共早期党员和工人运动领袖。1918年4月，他与毛泽东等人发起组织新民学会，同年8月考入北京大学，之后又参加了五四运动。在李大钊的指导下，罗章龙组织创建了北京共产主义小组，成为中共最早的党员之一。这段时期，他曾到北京长辛店开办工人补习学校，到唐山等地调查工人生存状况，还参与创办了进步刊物《工人周报》。

1923年2月，罗章龙组织领导了京汉铁路大罢工，亲身经历了反动军阀对工人的血腥镇压。罢工结束后，他于当年3月出版了《京汉铁路工人流血记》一书，共10万字，真实、详细地记载了"二七惨案"的全过程。这本书后来成为研究中国工人运动的珍贵史料。

正是因为有比较丰富的工人运动经验，罗章龙被推举为《中国工人》的主编。在连续出版了5期后，由于五卅运动的爆发，编委会成员工作繁忙、组稿困难，《中国工人》于1925年6月暂时停刊。

一份"重量级"杂志

5期杂志的容量虽然有限，但分量十足。第一期刊登的《工农军与北伐》，作者为中夏，即中共早期党员邓中夏，曾负责领导北方工人运动；《工人与党》的作者士炎，即中共创始人之一赵世炎；《南洋烟厂罢工失败的原因与所得的教训》的作者德龙，就是项英……此外，李大钊、瞿秋白、刘少奇等都为《中国工人》撰写了文章。

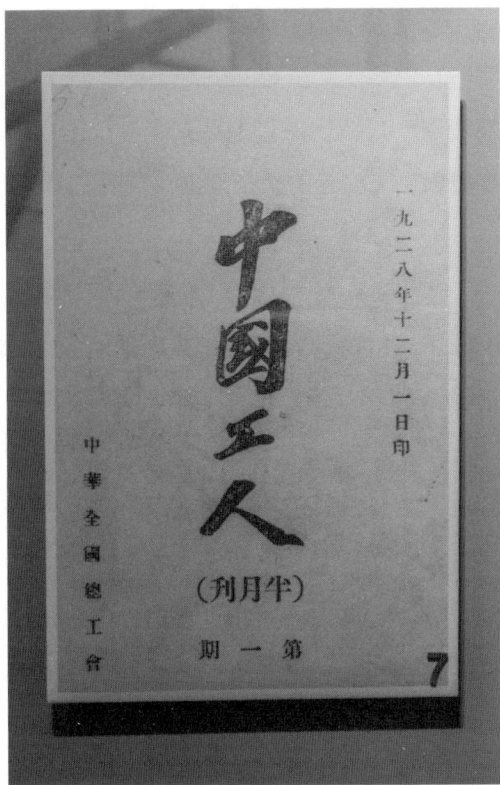

▲ 1924年10月,《中国工人》在上海创刊,罗章龙任主编,之后成为中华全国总工会机关刊物,反映的多为工人生活和工人运动发展状况。

作为主编的罗章龙更是承担了大量撰稿工作。第三期的《十年以来世界工会运动》《论国际工会运动》等四篇文章,都是出自他的手笔。除了刊登指导工人运动的理论文章外,罗章龙还开设了时评、转载、劳工消息、书报介绍等栏目。

1922年,中共党员李启汉因发动和支援纱厂工人罢工而被逮捕,直到1924年10月才被释放。在同月出版的《中国工人》第二期杂志上,刊登了《启汉同志出狱!》一文,其中写道:"最亲爱的工友们,我们的健将出来了,我们的先锋出来了!但是我们还有许多的先锋和健将被军阀监禁在北京、保定、洛阳、天津各地的牢狱里，我们赶快和我们出狱的同志努力向前奋斗呀！"

这期杂志还发表了一首诗，是邓中夏在李启汉出狱当天特意写的。在诗的小序中，邓中夏表达了自己的兴奋之情："启汉出狱，喜极而泣，诗以志之。"

《中国工人》第一期共 36 页，定价铜元 4 枚。20 世纪 20 年代的上海，1 银元可换 154 枚铜元，4 铜元约合 3 分钱。按照当时的物价，4 铜元可以买 1 斤青菜，20 铜元可以买 2 斤大米。

到了第二期，杂志增至 63 页，价格也涨了。编辑部专门刊登启事进行解释："本期因篇幅扩充，印刷费增加，特照原价加收一倍，每份售铜元 8 枚，望读者原谅。"

由于每期页码不固定，杂志的价格也跟着印刷费上下浮动。第三期《中国工人》又恢复到铜元 4 枚；第四期扩充至 86 页，价格变成铜元 20 枚，第五期亦然。

这段时期正是中共筹备第四次代表大会、马克思主义在中国广泛传播的阶段，中共创办的《新青年》季刊、《向导》周报、《上海工人》周报等都在《中国工人》上刊登过广告。其中，《向导》周报的广告词写道："在帝国主义与军阀双重压迫之下的中国人民，只有看了在中国言论界已有了两年生命的《向导》周报，才能得着解放的道路！"

"这是再好没有的事了"

第一次国共合作的"蜜月"并未持续多久，国民党右派就有人提出了《弹劾共产党案》，认为"绝对不宜党中有党"，污蔑共产党员加入国民党的目的是要消灭国民党。

面对国民党右派的进攻和全国性革命高潮的到来，中共四大于 1925 年 1 月在上海虹口召开。陈独秀、蔡和森、瞿秋白、周恩来、张太雷、李立三等 20 名正式代表参会，大会共开了 12 天。

"四大不仅提出了无产阶级革命领导权等问题，也强调了对宣传工作的要求。会议强化了党内思想教育，扩大了党的宣传阵地。"中共四大纪念馆馆长童科说。

在四大选出的中央局五位成员中，三人与宣传工作有关：彭述之任中央宣传部部长，蔡和森和瞿秋白任中央宣传部委员。足见四大对宣传工作的重视程度。

在四大通过的 11 个议决案中，《对于宣传工作之议决案》被党史研究者认为是重要议决案之一。其中对党的宣传工作提出了三点批评：第一，政治教育做得极少，在党报上很难找到关于党的政策的讨论文字，在小组会中很少有政治报告；第二，党的宣传和阶级教育未能深入工人群众，导致基础不牢固，经不起摧残；第三，在群众中的政治宣传常常不能深入。

针对这些问题，大会认为党的宣传工作有重新整顿的必要，于是提出了一系列解决办法，其中包括"《中国工人》应成为我们党在职工运动中简单明了地解释理论策略、描写各地工农状况的唯一机关报，并须兼顾各地方的普遍要求"。

《对于宣传工作之议决案》还强调："没有革命的理论，就没有革命的运动。有了健全的革命理论，党的宣传工作方得依此范畴融通各部，党员行动方有所准绳。"这是中共首次将宣传工作的重要性提到一个前所未有的高度。

（二）政治形势与党的任务议决案

△中共五大通过的《政治形势与党的任务议决案》。

中共一大时期，革命的宣传对象主要是青年学生、知识分子；二大时期集中于工人运动；三大的宣传重点在于国共合作；四大则真正深入到职工、农民、青年、妇女等不同群体中，宣传对象变得更加广泛。

随后到来的五卅运动，是对中共四大宣传方针的一次全面实践和检验。当时上海的街头巷口，从普通的小商贩到十三四岁的少年，争着写"打倒帝国主义，废除不平等条约"的标语，中共的理论宣传深入穷乡僻壤，就连江浙的小村镇都群起响应。

1925 年 5 月，第二次全国劳动大会举行，中华全国总工会成立。同月出版的《中国工人》第五期，在首篇位置刊发了张国焘写给大会的祝词。

之后的《中国工人》经历了 3 年的停刊，直到 1928 年 12 月才在上海秘密复刊，由罗章龙、林育南、项英等组成编委会。此时，中共经历了国民党反动派的大肆屠杀，总结了大革命失败的教训，提出了新的工运策略。

《中国工人》复刊号卷首语中写道："《中国工人》是中国工人阶级的革命先锋，是全中国工人的灯塔，这个灯塔，有好久没有照耀着全国工人阶级了，现在中华全国总工会要将这个灯塔重新建立起来，使全国工人在黑暗世界可以得到一线的光明，这是再好没有的事了。"

然而，出版 8 期后，《中国工人》再次停刊，直到 1940 年 2 月在延安二次复刊。

这一次复刊，毛泽东亲笔题写了刊名，并撰写发刊词，发刊词指出："工人阶级和全体人民的最后解放，只能在社会主义实现的时代，中国工人阶级必须为此最后目的而奋斗。"希望《中国工人》好好地办下去，"多载些生动的文字，切忌死板、老套，令人看不懂，没味道，不起劲"。

今天，《中国工人》仍在为新时代的劳动者书写篇章，而解放前出版的 26 册杂志原始文本也保存至今，成为研究中国工人运动的珍贵史料。

（文 / 尹洁）

多松年的机要皮箱

　　棕色牛皮质地，长74厘米、宽49.6厘米、高24厘米，皮质老化，箱盖开裂、破损……记者眼前的这只古旧皮箱，看起来相当沧桑，但细看做工，仍透着规整与考究——箱底、箱盖各有四个包角，上面还残存着铆钉；提手基本完整，只有边角被扣环磨破，与手部接触的地方则被磨得发亮，可见皮箱主人生前使用得何其频繁。

　　95年前，这只皮箱里藏着机密文件，从湖北武汉被一路带到蒙古地区的归绥（今呼和浩特市）。短短几个月后，皮箱的主人便牺牲于张家口大境门。他就是中共五大代表、蒙古族共产党员——多松年。

蒙古農民

民國十四年五月五日出版

第二期

題目

圖畫

不早醒悟受罪的日子在後頭呢！（漠南人）

蒙古曲

靠佛神並不靈蒙古人趕快自己也種地吧！（烏澤）

吳佩孚不是好人

和銀生活的蒙古人

聽差的講演錄

外蒙古的情形

七天出一版次

每份農人銅元兩元半校價

通信處北京蒙藏學校崇善收轉

宋朝義（弼庭）

巴音爾（漠南人）

巴音爾

▲ 1925年4月，在李大钊的关心和指导下，乌兰夫和多松年、奎璧创办的内蒙古第一个革命刊物《蒙古农民》。

蒙古族青年的觉醒

大境门，始建于明崇祯十七年（1644 年），与山海关、居庸关、嘉峪关并称为万里长城的"四大名关"。1697 年，清军第三次北征噶尔丹，其主力部队就是从大境门誓师出发。平定噶尔丹后，张家口 200 多年无战事，历史上的兵家必争之地成为扼守京都的北大门、连接边塞与内地的交通要道，也见证了汉、蒙、回、藏等多民族的融合相处与商贸文化交流。

1927 年，察哈尔特别区都统高维岳被当地的高山大川、长城雄关所震撼，在大境门上题刻了"大好河山"四字。正是在这一年，多松年作为热河、察哈尔、绥远 3 个特别地区共产党组织的唯一代表，赴武汉出席了中国共产党第五次全国代表大会。

武汉革命博物馆馆长曹波告诉《环球人物》记者，中共五大会址纪念馆是武汉革命博物馆下辖的一处革命旧址，"是风云 1927 年的重要见证"。

五大会址原为武昌高等师范附属小学，始建于 1918 年，内有 7 栋中西结合、砖木结构的建筑，包括马蹄形教学楼、小礼堂、教工宿舍等。1927 年 4 月 27 日，中共五大在此召开。今天，这里已经成为纪念馆，多松年使用过的皮箱也成为馆中一件珍贵文物。

"这只皮箱，多松年 1925 年在苏联学习时用过。中共五大结束后，他用这只皮箱装着五大会议文件，回到其家乡归绥，传达五大会议精神。多松年牺牲后，他的家人一直珍藏着这件遗物，寄托了刻骨铭心的怀念。"武汉革命博物馆的工作人员对记者说。2007 年，多松年之子、呼和浩特市原副市长赛希将这只箱子捐赠给中共五大会址纪念馆。此时距离烈士牺牲已经过去了整整 80 年。

多松年原名多寿，1905 年出生在归绥城北郊（今呼和浩特市新城区毫沁营乡）麻花板村一户贫苦的蒙古族农民家庭。他的父亲叫蒙克，生有二子一女，多松年是长子，蒙古族名字叫做乌力吉图。

由于家境贫寒，直到 13 岁时，多松年才在亲友的资助下进入归绥石王庙蒙文小学读书，后又转入土默特高等小学就读。在学校里，一位思想进步的汉语教师使多松年了解到中国当时的状况。心中萌发的爱国思想使他开始关心国家前途和人民命运。

1919 年，五四爱国运动爆发，消息传到塞外古城归绥时，激起了各族各界人民，特别是学生们的强烈反响，多松年也坚定地投入了爱国运动之中。1923 年秋天，他以优异成绩考上北京蒙藏学校，告别亲人，与乌兰夫、李裕智等一批蒙古族进步青年一起到北京求学。

这段时期，以李大钊为负责人的中共北方区执行委员会，对这批蒙古族青年非常重视，先后派邓中夏、黄日葵等中共骨干党员到蒙藏学校工作。在他们的启发和指导下，多松年学习了《共产党宣言》等马克思主义著作，阅读了《新青年》《向导》等革命刊物，开始用马克思主义的观点观察社会，逐步懂得了民族压迫的实质是阶级压迫，包括蒙古族在内的中国各族人民，只有团结斗争才能共求解放。

1924 年初，多松年加入社会主义青年团，并担任蒙藏学校团支部负责人，不久转为中共党员，也是最早的蒙古族共产党员之一。

受命创办革命刊物

北洋政府对于中共在蒙藏学校的活动感到十分恐惧，一方面加强对学校的控制，另一方面取消了之前的官费待遇，以迫使家境贫寒的进步学生辍学，多松年也成了受迫害者之一。1924 年春天，他不得不离校返回归绥，投考师范学校。同年 8 月，蒙藏学校恢复了官费待遇，多松年又重返北京复学。

1925 年春天，中共北方区执行委员会交给多松年一项任务——创办一份刊物，向广大蒙古族群众宣传马列主义。多松年与乌兰夫、奎壁共同努力，很快便创办了《蒙古农民》。这是蒙古地区第一份，也是中国少数民族第一份传播马列主义的刊物。

在追忆父亲的文章中，赛希讲述了多松年为办好《蒙古农民》而付出的心血。1925 年 3 月，多松年到蒙古族聚居的察哈尔、绥远农村进行社会调查。他每天跑几十里路，从农田到草原，从破旧农舍到四周透风的蒙古包，都留下了他的足迹。

在归绥农村，多松年了解到由于军阀收粮、征马、搜刮财富，蒙汉农民的日子一年不如一年，愤怒的风暴正在酝酿中。回到北京后，多松年负责写稿，乌兰夫负责约稿、编辑，奎壁负责排版、印刷，很快于 1925 年 4 月 28 日在蒙藏学校内出版了第一期《蒙古农民》。

创刊号上，刊名用蒙汉两种文字书写，第一篇文章便鲜明地提出："蒙古农民的仇人是军阀、帝国主义、王公。"批判直奉战争的文章中，还生动地引用了在群众中流行的顺口溜："张（作霖）才去，吴（吴佩孚）又来，街上死人无人埋！"

受条件所限，《蒙古农民》只出版了 4 期，但在热河、察哈尔、绥远等地反响强烈。为了培养蒙古族的新生力量，中共北方区执行委员会决定送多松年、乌兰夫等 5 人到苏联莫斯科中山大学学习。

1926 年秋天，多松年回国，担任察哈尔特别区工委书记。他深入农村、牧区、工厂、学校，到 1927 年 6 月共建立村民会 82 个、区农会 4 个、县农会 1 个。

▲中共五大中央级纪律监察委员会领导成员的群雕（左起：周振声、刘峻山、杨培森、蔡以忱、杨匏安、王荷波、许白昊、张佐臣、阮啸、萧石月），位于湖北省武汉市武昌区廉政文化公园。

▲ 1927年4月27日至5月9日，中国共产党第五次全国代表大会在武昌召开。图为中共五大旧址。

但此时，由于蒋介石发动"四一二"反革命政变，南方各省正在大规模逮捕、屠杀共产党人，北方奉系军阀张作霖也杀害了李大钊。就在这种危急的形势下，中共在武汉召开了第五次全国代表大会。

英雄血溅大境门

"1927年4月27日，中共五大开幕，28日休会一天，29日至5月9日，出于安全和交通便利的考虑，会议转移至汉口黄陂会馆继续召开。"武汉革命博物馆的工作人员对记者说，"据过去党史正本记载，参加会议的代表有80多人，但在2007年筹建中共五大会址纪念馆的过程中，我们发现1927年5月4日苏联《真理报》有关于中共五大的报道，其中记载参加会议的有120多人。经考证，目前研究确定有97名代表参加大会，另有3名代表列席，代表全国 57967 名党员。"

中共五大在党的组织建设方面有突出贡献，在党的历史上创造了多项"第一"：第一次将"集体领导"和"民主集中制"原则正式写入党章；第一次决定筹办中共中央党校；第一次把党的组织系统划分为中央委员会、省委、市（县）委、区委四级，等等。

党史专家认为，中共五大对党的建设，特别是纪律建设的最大贡献，就是选举产生了中共历史上第一个中央纪律检查监督机构——中央监察委员会，即中纪委的前身。在中共五大选举产生的 31 名中央委员、14 名候补中央委员和 7 名中央监察委员、3 名候补监察委员中，先后有 26 人为革命牺牲。他们用生命诠释了对共产主义的信仰和对革命事业的忠诚。

根据目前所见的资料，多松年是中共五大代表中年龄最小、也是唯一的蒙古族共产党员。这次大会对陈独秀右倾机会主义错误主张的批评，使多松年加深了对党的路线的认识。此外，他在武汉期间还出席了国民党中央土地委员会召集的扩大会议。

5 月中旬，多松年离开武汉，返回张家口。五大开会期间，他已经得知李大钊牺牲的噩耗，心情极其悲痛和沉重。途经北京时，多松年看到岗哨森严、暗探密布，奉系军阀仍在屠杀、迫害共产党人和进步人士，满城血雨腥风，一片白色恐怖。此外，他还得知中共在张家口的地下组织也遭到了破坏，有些同志被捕入狱。

面对险恶形势，多松年没有畏惧，决定回张家口营救被捕同志。但 6 月底，张家口反动当局贴出布告，悬赏缉捕"大共产党多松年"。在同志们的劝说下，他不得不暂时回老家归绥隐蔽起来，心里却始终放不下革命工作——中共五大的会议精神还没落实，察哈尔地区党组织的新任务尚未布置，营救被捕同志的计划还没安排好……责任感和焦虑感笼罩在多松年的心头，最终促使他冒险回到了张家口。

▲ 在国共合作的形势下，北京党组织培养出的一大批蒙古族干部被派回内蒙古开展革命活动。1925 年 3 月，中共北京区委兼北京地委决定建立中共热河、察哈尔、绥远 3 个特别区和包头工作委员会。图为在北京蒙藏学校学习的土默特旗学生合影。

由于敌人蓄谋已久，多松年一到张家口就被特务发现了。8月初，当他回到党的机关销毁文件时，尾随而来的特务、警察破门而入，将他逮捕。多松年从武汉带回的皮箱和五大会议文件，在他被捕前已经被妥善保管，没有落到敌人手中。

察哈尔都统高维岳是奉系军阀所委任的，因此奉命破坏中共在察哈尔的地下组织。他以交出中共地下党员名单为条件，向多松年许以高官厚禄，在遭到怒斥后，开始对多松年施加酷刑——皮鞭抽、棍棒打、铁条烙，但都未能使多松年吐露任何秘密。无计可施的反动军阀决定将他杀害。

1927年8月中旬的一天早晨，多松年被捆绑着，押到大境门城头上，插在他背后的牌子上写着"共产党多松年"，城门内外站满了武装军警和便衣特务。

被捕后十来天时间里，多松年已经被折磨得面目全非、无力讲话。残忍的奉系军阀为了震慑人民，灭绝人性地用5根1尺多长的大铁钉，将多松年活活钉死在大境门城墙上。

多松年早已视死如归，他用残存的力量看向前方，目光依然从容而坚定，直至生命的最后一刻。多松年牺牲时，只有22岁。

（文/尹洁）

五大上的"品重柱石"

　　1922年，工友们赠给王荷波一块匾，上面写着"品重柱石"四个大字，称赞他品德高尚，是一位能担当重任的人。百年后的今天，王荷波纪念馆已经成为江苏省廉政教育基地，许多单位组织党员干部前来参观学习。这是因为，在中共第五次全国代表大会上，产生了党的第一个纪律检查机构——中央监察委员会，而王荷波当选为首任主席。

▲ 王荷波(1882—1927)，福建福州人，1922年加入中国共产党。他是中国工人运动的杰出先驱，是中国共产党第一位工人出身的中央委员。

津浦沿线有位"王大哥"

王荷波出生在福建，牺牲在北京，纪念馆却建在南京，因为他是在南京浦口踏上革命道路的。在王荷波纪念馆内，200 幅照片、40 件实物，辅以微电影、数字沙盘、电子触摸屏等科技手段，集中展示了他的革命生涯。

20 世纪初，位于长江北岸的浦口是南北交通的枢纽。当时长江上没有大桥，往来只能靠轮渡，许多旅客在这里中转，于是浦口附近的浦镇逐渐发展成一个人口稠密的城镇。1916 年夏天，王荷波来到这里，在浦镇机厂当了一名钳工。浦镇机厂名义上是由中英合资建立的机车修理厂，实际上控制权和经营权都在英国人手中。

当时王荷波已近 35 岁，经历了多年的漂泊生活，深切体会到旧时代政府的腐败无能，以及帝国主义对中国老百姓的欺压和剥削。他在工厂里从不巴结工头，对待工友则慷慨无私、非常和善，被工友们尊称为"王大哥"。

五四运动爆发后，北京的学生纷纷南下，到上海、南京等地发动爱国运动。王荷波接触到新青年、新思想，阅读了大量进步刊物。当北洋政府逮捕进步学生的消息传到南京后，王荷波带领工人在浦镇举行了示威游行，愤慨地喊出："耻辱不能忍，亡国奴的日子不能过！"

1920 年 5 月，浦镇机厂的英籍厂长以"防止磨洋工"为名，强令拆除了厂区内的厕所，不让工人在上班时间解决生理需要，结果激起了工人们的强烈反抗。王荷波作为工人代表，向厂方提出取消所有罚款制度、重建厕所、加薪一成、赔礼道歉等条件，在厂方未答复前，全厂罢工。几天后，罢工取得了胜利，英国人被迫答应了所有的复工条件。

1921年3月，浦镇机厂工会成立，王荷波被选为会长。这一年冬天，北京共产党小组成员、中国劳动组合书记部北方分部负责人罗章龙从徐州来到浦镇，准备开展革命工作，不料被军阀逮捕。危难之际，王荷波挺身而出，带领工人前去营救。

据罗章龙晚年回忆："荷波率众救我于围困之中，这样我就结识了荷波。他留我住在他家中，得以日夜促膝恳谈。他热情豪爽，敢作敢为，非常赞同劳动组合书记部事业，很快我们就成为事业上的挚友。就在这年，他率众加入了北方劳动组合书记部，他本人也由我介绍，在北京加入了中国共产党，成为津浦铁路工会中第一位工人党员。"

王荷波常说："一个人有什么本事？大伙团结力量大。全国工人都团结起来，就能推倒压在我们头上的大山。"入党后，他组织成立了中共浦口党小组，每到晚上就组织工人活动，深夜回到家里还坚持读书看报。

作为工会领导，王荷波办事公正，公私分明。他经手的账目清清楚楚，从不乱花一文钱，因此深得工人信赖。王荷波40岁生日时，工友们就联合赠送了这块"品重柱石"匾，还敲锣打鼓地在浦镇展示一圈。

"二七"大罢工期间，王荷波积极组织津浦铁路沿线工人罢工，声援京汉铁路工人。他曾手执红旗，率领几百名工人站在铁轨中间，挡住军阀列车的去路。当列车开过来的时候，王荷波毫无惧色，带领工人们卧倒在铁轨上，最终逼停了列车。

这次罢工让反动军阀对王荷波咬牙切齿，暗中策划对他下毒手。在党组织的安排下，王荷波乔装成水兵离开浦口，从此开始了职业革命家的生涯。

"政治纪律"首次写入中共文献

1923年，王荷波出席中共三大，当选为中央执行委员。同年9月，他又被补选为中央局委员。1925年，王荷波当选为中华铁路总工会委员长。1927年4月27日至5月9日，中国共产党第五次全国代表大会在武汉召开，当时革命形势正处于危急关头。

在中共五大会址纪念馆里，陈列着在五大上通过的《组织问题议决案》复制件（原件藏于中央档案馆）。在这份文件中，中国共产党第一次明确提出了"政治纪律"的概念。武汉革命博物馆工作人员钱孟聪对记者介绍，五大召开之际，"四一二"反革命政变刚刚发生半个月，中国共产党面临的最紧迫问题是如何从危难中挽救革命。

"当时，党在内受到右倾机会主义的干扰，在外受到国民党反动派白色恐怖的威胁，可谓内外交困。一些共产党员经受不住敌人的利益诱惑或严刑拷打，走上了腐化堕落、投敌叛变的道路。因此，《组织问题议决案》特别强调党的纪律建设的重要性，这是中共五大在党的建设方面取得的成就之一。"钱孟聪说。

《组织问题议决案》指出："党内纪律非常重要，但宜重视政治纪律，不应将党的纪律在日常生活中机械地应用。"这是"政治纪律"一词首次被写入中共文献。

四大时，中共党员共有994人，五大时已近5.8万人。大革命失败后，一些党员在政治上、思想上陷入混乱，党内存在着相当严重的消极情绪。因此，中共五大党章完善了四大党章关于入党条件、候补期、自愿出党等纪律要求，还增加了"服从党的决议"（强调政治纪律）、"参加在党的一定组织中工作"（强调组织纪律）、"缴纳党费"（强调财经纪律）这三项具体要求。

中共五大另一项重要成就，是决定设立中央监察委员会（中纪委前身），开创了中国共产党设立党内监督机构的先河。大会选举产生了第一届中央监察委员会，由 7 名委员、3 名候补委员组成。有着"品重柱石"人格和坚定信念的王荷波当选为主席。

"这 10 位中央监察委员会成员，当选时的平均年龄不到 30 岁。在后来的革命生涯中，他们无一人变节叛变，其中 8 人为党牺牲、1 人失踪，只有 1 人看到了新中国的成立。"钱孟聪说。

牺牲的 8 位委员中，有 4 人在 1928 年至 1935 年间牺牲，另外 4 人在五大召开的同年牺牲，其中就包括王荷波。

"让大家都过上好日子"

王荷波的德才一直备受党内称赞。参加完中共三大后，他来到上海，执行两项任务：一是物色、租借中共中央局办公用房，为中共中央机关迁回上海做准备；二是以党中央特派员的身份，参与上海地区的领导工作。

经过考察，王荷波建议党中央将中央局机关设在上海闸北香山路（今象山路）、中兴路交叉处的三曾里。中央批准后，他以私人名义办理了租房手续。1923 年 7 月，中共中央局机关迁回上海。

这段时期，他同陈独秀等中共领导人一起在三曾里工作。据当时在党中央机关工作的沈雁冰（茅盾）回忆："王荷波同志身材高大，说话有煽动力。那时，中央局由陈独秀、毛泽东、罗章龙、蔡和森、王荷波五人组成，王荷波是唯一的工人党员，可见他的德才是很出众的。"

1924 年 6 月，王荷波赴苏联莫斯科，参加了共产国际第五次代表大会。当时他化名彼得洛夫，同李大钊分别作了中国工人运动和民族革命问题的报告。会后，他和其他代表还参观了工厂、学校、托儿所和孤儿院。

▲ 1924年6月，姚佐唐（左）与罗章龙（右）、王荷波在列宁格勒的合影。

这次苏联之行让王荷波十分难忘，每次回忆起来就兴奋不已。他曾对妻子说："你等着吧，不久的将来，我们的国家也要像苏联那样，让大家都过上好日子。"

1927年3月，上海工人举行第三次武装起义，王荷波深入一线指挥作战。但由于"四一二"反革命政变，全国工人运动陷入低潮。8月7日，他以中央监委的身份参加了中共中央在汉口召开的紧急会议，即八七会议。

八七会议批判和纠正了陈独秀右倾机会主义错误，撤销了其在党内的职务，选出了新的临时中央政治局，确定了土地革命和武装斗争的总方针。毛泽东在这次会议上提出了著名的"枪杆子里出政权"的论断，给处于思想混乱中的中国共产党指明了新的出路。

在八七会议上，王荷波当选为临时中央政治局委员，9月任中共中央北方局书记，随后便组织发动了河北玉田农民武装暴动。这是中共在北方领导的第一次农民武装暴动，虽然在敌人的强大武装围剿下失败了，但对冀东地区之后开展的革命斗争有重要作用。

　　10 月 18 日，为筹建北京市总工会，王荷波到北京法政大学参加活动，被反动警察逮捕。之后由于叛徒告密，王荷波身份暴露，被奉系军阀关进监狱，受尽酷刑，但他没有泄露任何机密。

　　11 月 11 日深夜，王荷波等革命同志在北京安定门外被敌人秘密杀害。他留下的唯一遗嘱是，请求党组织教育好他的子女，"绝不能走与我相反的道路"。

（文／尹洁）

中央大街上的秘密交通站

　　中央大街位于哈尔滨道里区，长约1400米。这条始建于1898年的街道，因大批俄国人来到哈尔滨修筑中东铁路而逐渐形成。大街两侧排列着巴洛克、古典主义、折中主义等风格的建筑70多栋，银行商铺、饭店旅馆、影院酒吧应有尽有，是市区最为繁华之处。

　　百年来，中央大街作为哈尔滨的城市名片，见证了许多历史事件，其中就包括中共党组织在东北地区的一次次绝境重生。在中央大街东侧的西十三道街14号，有一栋三层小楼，淡黄色的外墙、简约欧式风格，看起来并不太起眼，但门口那块黑色铭牌证明了它的历史价值——"东北地区第一次党员代表大会遗址"。

　　95年前，东北地区的14名共产党员代表正是在这里开会，成立了中共满洲临时省委。当时，这栋房子既是党组织的秘密联络点，也是共产党员阮节庵的家。

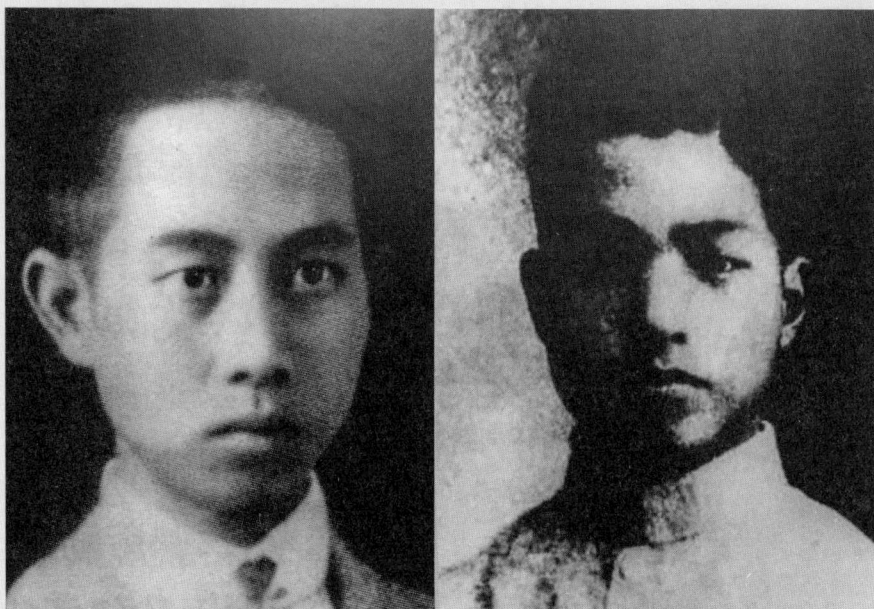

▲ 1923年3月，中共北京地委派党员陈为人、李震瀛到哈尔滨开展建党、建团工作。10月，东北地区第一个党组织——中共哈尔滨组（亦称"中共哈尔滨独立组"）成立。图为陈为人。

从"3 名党员 +6 名团员"起步

中国共产党是 1921 年成立的，但东北地区第一个党组织直到 1923 年 10 月才正式成立，东北地区第一次党代会又过了 4 年才召开。此时"四一二"反革命政变已经发生，全国革命形势极其严峻。

对于这段历史，东北烈士纪念馆研究员负（音同运）占军研究了多年。在他看来，中共在东北地区开展革命活动的时间并不晚，但由于特殊的历史条件，东北地区第一次党代会的召开经历了非常曲折的过程。

"1921 年中国共产党成立后不久，李大钊就派罗章龙、马骏来过哈尔滨，对东北地区的工人运动做过调研。当时东三省被奉系军阀张作霖所控制，同时也是帝国主义，尤其是日本觊觎已久的地方。相比北京、上海、广州等地，东北地区的革命环境更为复杂，反共势力也更强大，因此直到 1923 年初，中共才正式筹建东北地区党组织。"负占军对记者说。

1923 年 3 月，李大钊根据罗章龙的建议，派遣中共党员陈为人、李震瀛来到哈尔滨筹建党团组织。7 月，社会主义青年团哈尔滨支部成立；10 月，中共哈尔滨组（又称中共哈尔滨独立组）成立。这是东北地区最早的党团组织，当时有党员 3 名、团员 6 名。

据负占军介绍，中共哈尔滨组成立后，直接隶属于党中央，承担了整个东北地区的建党任务。

"刚开始，由于党团员人数比较少，党组织发展得不太快。1925 年，中共北方区委派吴丽实到东北进行党组织的整顿和发展工作，在中共哈尔滨组的基础上成立了哈尔滨特支，1926 年又扩建为中共北满地委，吴丽实任书记。在此期间，中共大连市委、中共奉天（今沈阳）支部也相继成立。这几个党组织有的由中共北方区委领导，有的由党中央直接领导，彼此之间的关系不是很明确。"

到中共五大召开前，东北地区的党团组织已经有地（市）委 2 个、支部 30 余个、党团员 500 余名。

1927 年 4 月 27 日至 5 月 9 日，中共五大在武汉召开。大会结束后，中央召集东北地区代表，专门开会讨论东北地区党组织问题，认为应建立一个统一的领导机构，定名为中共满洲省委，任命邓鹤皋为省委书记兼大连市委书记，负责具体的组建筹备工作。

邓鹤皋是进步学生出身，五大之前就在大连领导党组织工作。回到大连后，他迅速落实会议精神，派王立功到北满传达中央的决定，并约吴丽实到大连共商筹建中共满洲省委事宜。1927 年 7 月，大连党组织遭到破坏，邓鹤皋因叛徒出卖而被捕，省委筹建工作被迫中断。

8 月，八七会议召开，中央决定重新筹建中共满洲省委，这一次将之前参与组建中共哈尔滨组的陈为人派回了东北，负责筹建工作。

10 月，陈为人同夫人韩慧芝从天津出发，先到奉天，14 日抵达哈尔滨。他很快与吴丽实取得了联系，在后者的协助下又联系了在哈尔滨、长春、奉天、大连等地的其他党员。24 日，陈为人主持召开了东北地区第一次党员代表大会，地点就选在阮节庵的家中。

"最热闹的地方最安全"

"阮节庵是一名地下工作者，因为长期从事秘密工作，关于他的公开资料不是很多。1925 年到 1929 年，他一直在哈尔滨从事革命活动，曾任共青团哈尔滨县委委员、书记。"贠占军说。

东北地区第一次党代会召开时，阮节庵入党已近 2 年，虽然还不满 20 岁，却是一名老地下交通员了。他的公开身份是哈尔滨广播电台职员，妻子沈光慈在电话局做打字员，夫妇二人从事的职业都比较稳定，也有一定的社会地位，这对于他们从事地下工作也是有利的。

"阮节庵夫妇的家，其实是他们租的房子，在平时就是党组织的一个秘密联络点。之所以将开会地点选在这里，主要是因为房子的位置在中央大街附近。这儿是哈尔滨最繁华的地带，人流密集，而且南来北往、形形色色的人都有，不容易引起敌人的注意。"贠占军说。

▲ 1928 年 6 月 18 日至 7 月 11 日，中国共产党在苏联莫斯科召开第六次全国代表大会。图为苏联莫斯科的中共六大会址。

当时的哈尔滨有"东方小巴黎"之称，汇集了全国各地的人，外国人也很多，中央大街又位于核心地带，看似鱼龙混杂，反而是最安全的地方。

党代会召开时，参会代表共有 14 人，主要来自哈尔滨、大连、奉天和长春，代表了东北地区 200 多名党员。

"这次会议开得非常及时。'四一二'反革命政变之后，长春和奉天的很多党员都联系不上了，党的活动几乎陷于停滞。如果再不建立一个统一的领导机构，东北地区的党组织就有涣散的危险。"负占军说。

为了保障会议的顺利召开，阮节庵夫妇承担了后勤工作。开会时，阮节庵负责在外边放哨，沈光慈负责烧水、做饭。

在参会代表中，阮节庵只认识几个主要负责人，他曾回忆："开会的人是来自东三省各地组织的代表，我认识的有吴丽实、陈为人、李纪渊等。"李纪渊当时在哈尔滨工作，任共青团北满地委书记，北满地委撤销后改任共青团哈尔滨县委书记，而在他之后的继任者就是阮节庵。

撤销北满地委的决定正是在这次党代会上宣布的。会议当天，陈为人首先传达了八七会议精神，然后通过了几项关于满洲工人运动和农民运动的决议案，之后决定成立中共满洲省临时委员会，选举陈为人、吴丽实、王立功等 7 人为省临委委员，省临委机关设在奉天，这主要是考虑到交通问题，奉天相对来说离关内更近一些。

党代会结束后，发布了《满洲省临委临字通告（第一号）》，宣告中共满洲临时省委正式成立，负责奉天、吉林、黑龙江三省党务，并要求各地迅速整顿和恢复党的组织，努力工作，壮大革命力量。

"中共满洲临时省委的成立，让东北各地党组织有了统一的领导。此后东北地区党组织不断壮大，在异常艰苦险恶的环境下领导工人罢工、学生罢课等斗争，开启了东北人民革命斗争的新阶段。"负占军说。

"炉筒子都烧红了"

东北地区第一次党代会结束后，为了安全起见，阮节庵按照党组织的要求退掉房子，搬了家。新房子仍在中央大街附近，只是从大街东侧搬到了西侧的外国四道街 14 号（今哈尔滨画院所在地）。

1928 年初，国内白色恐怖笼罩，形势更加紧张，党中央决定将中共六大安排在苏联首都莫斯科举行。从 4 月下旬起，100 多位六大代表分批秘密前往莫斯科。除小部分代表从上海乘船到海参崴再到莫斯科外，大部分代表走陆路，先到哈尔滨，再兵分两路：一路由绥芬河过境，另一路经满洲里出境。为确保安全，党中央在哈尔滨设立了一处秘密接待站，地点还是阮节庵的家。

"承担接待和护送任务的是中共哈尔滨县委，县委指派李纪渊和阮节庵夫妇负责接待工作，同时中央又派瞿秋白夫人杨之华到哈尔滨协助。"贠占军说。

李纪渊当时在中央大街也租了一处店面，开了家估衣铺，表面上做买卖旧衣服的生意，实际上是地下接头点。六大代表到哈尔滨后先与李纪渊接头，暗号是从一盒火柴里抽出几根一起折断，接上头后再由杨之华和阮节庵夫妇安排食宿，一般只停留一两天便被护送出境。

杨之华当时还带着年幼的女儿瞿独伊，都住在阮节庵家里。每当有单独的男同志到来时，杨之华便带着女儿接送，对外假扮夫妻。有一次完成接待任务后，瞿独伊好奇地问："我怎么有这么多爸爸？"

"阮节庵的家面积不大，有时一下来了好几位代表，家里实在住不下，只能安排到外边的旅店，这是要冒一定风险的。为了保证安全，代表们尽量不出门，以免外地口音引起注意。住在阮节庵家里的代表，上厕所也不敢外出，吃喝拉撒都在室内进行，阮节庵夫妇承担了所有的后勤工作。"贠占军说。

这项工作完成得非常出色。据阮节庵回忆，完成六大代表接待和护送任务后不久，李纪渊来到他家，总结说："这些日子大家都很辛苦，但我们完成了一项非常重要的任务，为中共六大的召开作出了贡献。"接着，李纪渊要求阮节庵烧掉所有相关文件，再次转移住处。这仍是出于地下工作安全的考虑，因为一旦哪个环节出了问题，有人变节，就可能牵连所有的同志。

阮节庵根据指示，将所有文件都烧掉了。因为文件数量多，"炉筒子都烧红了"。随后，他和沈光慈再次搬家，离开了中央大街。

"当时的哈尔滨是连接中共中央和共产国际的交通枢纽，同时又站在中国人民抗日斗争的最前沿。'九一八'事变后，共产党人既要与国民党反动派作斗争，又要抗击日本侵略者，东北地区的党组织对领导东北人民抗日发挥了重要作用，这与东北地区第一次党代会的召开、与中共满洲临时省委的成立有密切关系。在此基础上，党组织带领东北人民创立了抗日武装，并发展为东北抗联，这个历史功绩应该被一代代后人铭记。"负占军说。

阮节庵后来一度和党组织失去了联系。新中国成立后，他在天津市民政局工作。就像千千万万地下工作者一样，他的事迹鲜为人知，但他的贡献永远不会被忘记。

老祠堂里的长条桌：井冈山上的湘赣边界"一大"

井冈山市茅坪镇，群山环抱，绿树成荫，古朴民居错落有致，谢氏慎公祠坐落其间。这是一处有着特殊意义的革命旧址。走进这座砖木结构的老祠堂，一张长条案桌置于党旗之下，格外显眼。90 多年前，这里召开了中共湘赣边界第一次代表大会，毛泽东话语铿锵地阐述了"红旗到底打得多久"等亟待解决的问题。

时至今日，来访此地的游客络绎不绝。他们身穿红军服，涌入这间祠堂，驻足凝望着饱经岁月沧桑的长条桌，听着导游的讲解，体会着根据地党代表们参会后，信心陡增的激动心情。

▲中共湘赣边界第一次代表大会旧址慎公祠。

一个人和一封信

井冈山市有 100 多处革命旧址遗迹，成为一个没有围墙的革命历史博物馆，是爱国主义教育和革命传统教育的重要基地，被誉为"中国革命的摇篮"。

1927 年，大革命失败，白色恐怖笼罩全国，党的工作被迫转入地下。同年 8 月，中共中央在湖北省汉口秘密召开紧急会议，即"八七会议"，正式确定实行土地革命和武装起义的方针，指明了今后革命斗争的正确方向。9 月，毛泽东等领导发动湘赣边界秋收起义，进攻长沙失利，向南转移至农村地区。

彼时，中共江西省委机关已经转入地下，时任湖南浏阳县工农义勇军第四团第二中队党代表的宋任穷带着队伍要来参加起义，在省委的秘密驻地见到了省委书记汪泽楷。汪泽楷对宋任穷说："你来得正好，听说'秋暴'的队伍已离开浏阳向莲花一带行动，你赶快带一封信去。宁冈有我们党的组织和党领导下的几十支枪，要他们到那个地方去。"毛泽东看到汪泽楷的信后，立刻与前委同志商量，但没有得到大家的赞同。

后来，起义部队到达永新县三湾时，减员较大，人员不足千人，组织很不健全，思想相当混乱，再不进行问题整改，恐难以完成艰巨的斗争任务。在此背景下，毛泽东主持召开了前敌委员会，提出对起义部队进行整顿和改编，史称"三湾改编"。

当年 10 月，毛泽东率部来到井冈山茅坪，之后于 11 月上旬在茅坪象山庵召开了宁冈、永新、莲花三县地方党组织负责人会议，详细了解了湘赣边界各县的实际情况，并得出结论：党在这个地区的群众基础较好；这里地势险要，易守难攻；周围各县有自给自足的农业经济，易于部队筹款筹粮；这里地处两省边界，距离国民党统治的中心城市比较远，加之湘赣两省军阀之间存在矛盾，敌人的统治力量比较薄弱。经过慎重考虑，毛泽东等选择在井冈山建立革命根据地。

"红旗到底打得多久"

早在 1927 年 12 月，毛泽东就曾以前委的名义，通过湘南特委和吉安县委分别向湖南、江西省委及中央写报告，建议组建湘赣边界特委；次年 1 月和 3 月，他又先后向湘、赣两省省委和中央打报告陈述理由，但都没有得到明文批准。"此前，有中共湖南省委党的前敌委员会统一领导边界工作。1928 年 3 月，前委被撤销，导致整个湘赣边界没有党的领导机构。这时，急需成立边界地方党的最高领导机构。"饶道良说。

彼时，朱德、陈毅领导的南昌起义和湘南起义部分部队，与毛泽东率领的秋收起义部队，在井冈山胜利会师。两军合编为工农革命军第四军（后改称红四军）。随后，工农革命军第四军二占永新城，三次击破敌人对根据地的"进剿"。边界武装力量顿增，红色区域不断拓展，军民革命热情高涨。然而，湘赣边界党内一些人的思想一时难以转弯，产生了"红旗到底打得多久"的疑问。在此紧急形势下，赣西特委于 4 月底转来了江西省委的一封信，同意湘赣边界组建特委。

1928 年 5 月 20 日至 22 日，中共湘赣边界第一次代表大会在茅坪的谢氏慎公祠召开。"茅坪背靠黄洋界这边的山，相对安静、隐蔽，比较安全。谢氏慎公祠算是村里比较大的建筑，后面就是著名的八角楼，从空间和生活便利方面考虑都比较合适开会使用。"饶道良介绍说，"当时，来自宁冈、永新、遂川、莲花、酃县 5 个县的县委和茶陵特别区委及军队 60 余位党的代表参会。"

这次会议相关记载与史料甚少。饶道良说："因为大部分参会人员后来都牺牲了，会议情况也几乎没有文献记载，或是难以保存，我们只能把零散的碎片式回忆搜集起来，大致还原当时的情况。"20 世纪 80 年代中期，湖南省安化档案馆在清查档案时，发现了 1928 年 7 月红四军二十八团、二十九团攻打郴州时被敌方掠去的一部分文件。其中，国民党第十六军政训部于 8 月翻印了"中共湘赣边界第一次代表大会政治纪律决议案"，但只残留两条内容，其余部分均缺失。

关于会议内容，主要来自日后一些文献资料，包括毛泽东所著文章中提到的相关内容。据曾任湘赣边界特委委员的陈正人后来回忆，这次会议的主要任务是成立湘赣边界特委，作为地方党组织的统一领导机关。此外，毛泽东在《中国革命战争的战略问题》中也提到，会议解决了"红旗到底打得多久"这个疑问，"因为这是一个最基本的问题，不答复中国革命根据地和中国红军能否存在和发展的问题，我们就不能前进一步"。

大会选举产生了中共湘赣边界第一届特委会，成员为毛泽东、朱德、陈毅、刘寅生等 19 人，后来又加上了杨开明、袁文才和莲花县委两位同志等 4 人，共 23 人。毛泽东、宛希先、刘真、谭震林、谢桂标 5 人为常委；朱德、陈毅、刘辉霄、龙高桂为候补常委；毛泽东任特委书记。

"成立中共湘赣边界第一届特委会，能够更加全面地统领根据地的工作，对于在井冈山扩大根据地、建立工农武装、开展土地革命和加强武装斗争都起到了很大的促进作用。"饶道良说。这也是井冈山革命根据地全面、深入开展土地革命的标志。

只准点 1 根灯芯

"天上的北斗亮晶晶，八角楼的灯光通通明。毛委员就是那掌灯的人，照亮中国革命的万里程。"这两句歌词出自歌曲《八角楼的灯光》。八角楼是茅坪当地一栋土砖结构的两层楼房，楼上有一个透明天窗，依中医八卦之理，修成了八边形，因此而得名。

1927 年 10 月至 1929 年 2 月，在井冈山革命斗争期间，毛泽东一直居住在八角楼里，领导和指挥井冈山的革命工作。"当时毛泽东的脚受伤了，为了更好地治疗，他就居住在当地中医谢池香的家中，也就是八角楼。"饶道良说，"在他来之前，其实这里已经住了人，就是贺子珍的哥哥贺敏学。1927 年永新暴动之后，他们先退到了茅坪。在毛泽东来后，贺敏学觉得八角楼各方面都不错，生活也很便利，就让毛泽东住在了这里。"

面积不大的屋子里，一张床、一把靠椅，靠窗陈列着一张桌子，桌上是毛泽东用过的大砚台、竹筒铁盏青油灯，旁边是两本泛黄的小册子。彼

▲ 2019 年 6 月 27 日，江西吉安井冈山茅坪八角楼毛泽东旧居。

时，井冈山革命根据地的力量不断壮大，国民党当局为了扼制革命根据地的发展，不仅在军事上对井冈山发动多次"会剿"和"进剿"，经济上也对井冈山实行严密封锁，致使井冈山根据地所需的服装、弹药、柴米油盐紧缺。

为进行长期的革命斗争，毛泽东精打细算，教育红军战士节约粮油等。当时井冈山只出产少量茶油，大部分用油要靠下山打土豪获得。因此，毛泽东刚上井冈山时，就向部队宣布了用油规定：各连及以上机关办公时，用一盏油灯，可点3根灯芯；不办公时，应将油灯熄灭；连部留一盏油灯，供值班、查哨用，只准点1根灯芯。

毛泽东以身作则，经常在一根灯芯的微弱光线下，写作、学习，在这里写下了《中国的红色政权为什么能够存在？》《井冈山的斗争》等光辉著作。井冈山上，全军也严格执行了这一规定。每到夜晚，熄灯号响后，只有连部的一盏油灯点燃着。

如今游客来到这间屋子，依旧能直观地感受到当时毛泽东的生活环境。"当年，国民党进攻井冈山时，主要范围是五道哨口之内，即茨坪、大小五井这一带，而茅坪在此之外，并且房东一直住在这里，房子没有毁坏，东西也没有丢失，放在哪里他也非常清楚，基本都完整地保存了下来。"饶道良说。

1928年10月，中共湘赣边界第二次代表大会在茅坪白云寺召开，毛泽东起草了会议决议，《中国的红色政权为什么能够存在？》就是其中一部分。同年11月，毛泽东在八角楼给中央写了一个报告，即后来收入《毛泽东选集》的《井冈山的斗争》。

报告最后，毛泽东充满自信地指出："边界红旗子始终不倒，不但表示了共产党的力量，而且表示了统治阶级的破产，在全国政治上有重大的意义。所以我们始终认为罗霄山脉中段政权的创造和扩大，是十分必要和十分正确的。"

在阐述中国的红色政权为什么能够存在这一思想时，毛泽东指出："一国之内，在四围白色政权的包围中，有一小块或若干小块红色政权的区域长期地存在，这是世界各国从来没有的事。这种奇事的发生，有其独特的原因。"正是像井冈山这样微弱的"星星之火"，点燃了中国革命的燎原之势。

（文/王喆宁）

杨作材，为七大设计会场

　　仲夏之际，延河之畔，中共七大会址旧址中央大礼堂在苍松环抱中更显古朴典雅，慕名参观的游客接踵而来。

　　步入中央大礼堂，里面陈设依旧：主席台中央高悬着毛泽东、朱德的巨幅头像，两边各插三面鲜艳的党旗；两侧墙壁上挂着马克思、恩格斯、列宁和斯大林的画像；七大标语"在毛泽东的旗帜下胜利前进"悬挂在主席台上方。大礼后面的小山坡上，散落着一排窑洞，是毛泽东、朱德、周恩来、刘少奇等党中央领导同志当年的住所。党旗迎风招展，站在礼堂前，望着简朴的木桌木椅，仿佛看到七大代表们纷至沓来的身影，听到党中央领导人慷慨激昂的演讲。

▲图为杨家岭中央大礼堂内景。

选址 + 选人

1937 年 1 月 13 日，毛泽东和党中央进驻延安，此时距离党的六大召开已过去 9 年。"早在 1931 年，党的六届四中全会就提出要召开七大，但由于国民党军队连续'围剿'，七大未能召开。此后几年间，党中央多次讨论七大问题，为七大的召开做进一步准备。"侯振龙说。

那么，七大在哪儿召开呢？选址成了首要面对的问题。"之前几次大会的召开都是借用场地，但延安没有一个能容纳数百人的建筑，于是，党中央决定修建一个专门的会场。"侯振龙说，"一开始，党中央选中了延安市安塞区李家塔，然而，七大筹备会秘书长任弼时在实际考察后发现，这里地方狭小且离城区距离较远，不适合召开七大。几经考察，七大筹备会成员最终选定了杨家岭，同时利用中央党校的校舍作为代表们的住处。"

要建一座能容纳几百上千人开会的大礼堂，延安有这方面的建筑专家吗？当然有！延安自然科学院院务处长杨作材就是位建筑师，他欣然接受了设计召开七大所用礼堂的任务。杨作材出生于江西九江一个建筑世家，是著名建筑家杨达聪之子。他自幼受父亲影响，对建筑知识耳闻目染，产生了浓厚的兴趣。1928 年，杨作材考入武汉大学预科。他精通英语、日语，在校期间，对父亲从事的建筑业进行了系统的自学。

当时，民国政府风雨飘摇，日本侵略者虎视眈眈，杨作材目睹国民水深火热的现状，开始积极寻找救国之路。他阅读了大量马克思、恩格斯作品，并向中国先驱人物靠近，和进步学生领袖李悦等人成为至交好友。

1936 年，杨作材从武汉大学毕业，进入上海吴淞扶轮小学教书，并参加了国难教育社。抗战爆发后，杨作材返回九江，跟随家人逃难到桂林，在那里担任湘桂铁路测量队描图员。1938 年，杨作材奔赴延安，进入抗大学习，加入中国共产党，并在毕业后进入延安自然科学院工作。

1939 年的冬天，杨作材接到设计安塞李家塔礼堂的任务。他仅用了 4 个月时间，便建成了一座堡垒式二层楼的礼堂。此后，杨作材又建造了枣园礼堂、杨家岭中央办公大楼、王家坪小礼堂等建筑。这些都为建造中央大礼堂奠定了基础。

将西式建筑与陕北窑洞相结合

1941 年，中央办公厅对面一座砖木结构的小礼堂因木炭起火被烧毁。中央办公厅主任李富春对杨作材说，就在小礼堂遗址重新设计一座大礼堂。杨作材曾回忆，七大用的礼堂，要求容纳 1000 人左右。他设计的一个方案是，将所有的党中央机关修建在杨家岭沟口的大田中间，但这个方案被李富春否定了，他笑着问杨作材："你是要在这里建都还是怎么着？"于是，杨作材在炕头上赶了几个通宵，开始设计第二套方案。

当时的延安没有钢筋、水泥，没有吊车、起重机，怎么能让一座宏伟的大礼堂拔地而起呢？对国外建筑颇有研究的杨作材很快拿出了新方案——将西式建筑与陕北窑洞的特点相结合，将陕北的石山优势和石头建窑的经验相传承下来。

在杨作材的设计中，建筑物主题前是一座塔楼，正门边的壁柱，采用了希腊建筑柱式。他后来回忆说："这根石柱采用的是希腊雅典的爱翁尼式柱（Ionic Order，爱奥尼柱式），是我当时参考了美国的一本大学教科书而设计出来的。"

礼堂中间的主厅可以容纳千余人，东边是一间小会议室，西边另有3间房子。整个建筑采用砖石结构，屋顶呈穹庐状。为避免在礼堂内出现两排阻挡视线的柱子，正厅采用了跨距达15.6米的大石拱代替木梁。"这是仿照赵州桥的设计，用石拱来代替房顶的木梁，石拱之间就用木料来连接，最后再用木板盖顶，这样，整座大厅看不到一处房梁。"侯振龙介绍说，"砖石资源在当地非常丰富，工人们可以就地取材，方便而不浪费。"

设计过程中，杨作材把设计平面图、正立面图、侧面图和剖面图都画在一张大图纸上让大家看，积极听取意见不断修改。鲁迅艺术学院的教员纷纷参与其中，因此设计出大礼堂正门上方的铸铁窗棂子，中间有一颗红五星。当时，七大会场的保密工作很严格，参与设计施工的人并不知道这座礼堂是用来干什么的。

1942年春，中央大礼堂开始修建，杨作材在现场亲自给施工队讲解图纸。

施工期间，杨作材几乎天天和工人们吃住在一起。施工队的工人多是从绥德、米脂一带来的能工巧匠。工人们抽的旱烟，抹一下嘴递给杨作材，他接过来就开心地抽。为了缓解大家的疲劳，他时常给工人们讲笑话，逗得大家合不拢嘴。

中央机关以及部队院校的很多干部职工也参加了义务劳动。中央管理局美坚木作厂厂长张协和提出具体的施工办法，请兵工厂特制了一个五轮复式滑车，利用滑轮组的原理顺利完成大件的安装任务。我国铁路和桥梁建设专家彭敏回忆，修建大礼堂，难的是建筑材料一样都没有。为了要结实，他选择的木材尽可能粗，石料也要选好的。

1942年年底，长35米，宽30米，高13米的杨家岭中央大礼堂竣工，成为延安当时最高大雄伟的建筑。大礼堂讲解员介绍说，礼堂建成后，杨作材发现大厅的回音很大，影响声音效果。他仔细观察后发现，回音是从大拱上部大面积的光滑面上反射过来的。于是，为了节约费用，杨作材使用土办法，将当地通用的毛毡作为吸音材料钉了上去，立马见效。

在自己建造的房子里开党代会

中央大礼堂的修建在延安引起了瞩目，为了助力七大召开，五金杂货铺"义德兴"老板史德运主动提出为七大捐赠气灯。史德运的儿子史延安告诉记者："当时没有电，普通老百姓家里还在用煤油灯。听说大礼堂照明用，我父亲就把店里库存的汽灯捐出来，这种灯亮度特别高，相当于现在普通白炽灯的好几倍。"

▲陕西延安杨家岭中央大礼堂，党的七大在这里召开。

除了气灯外，史德运还捐赠了大礼堂使用的玻璃、建造时需要的螺丝钉等大量五金用品。大礼堂的玻璃窗户在当时是件稀罕物，引来了很多人的围观。

为了提供物资，史德运冒着危险穿过国统区前往西安进货，却不幸在回来的路上被国民党抓住，关进了洛川县的一所监狱中。史德运的哥哥史宜选得知消息后，经过三个多月的营救，才将史德运接回了延安。史宜选、史德运两兄弟先后捐赠了价值几百大洋的物资。

鲁迅艺术文学院美术系钟敬之为七大设计了大会会场的布置——大厅里放着 32 排木质靠背椅，每排能坐 24 人，共 200 多张木椅。中央大礼堂两边的墙上挂有 6 个旗座，每个旗座上插着四面党旗，共挂着 24 面红旗，象征着中国共产党已经创建了 24 个年头。

▲ 1945 年 4 月 23 日至 6 月 11 日，中国共产党第七次全国代表大会在延安召开。图为代表们入场。

▲ 1945年4月23日至6月11日，中国共产党第七次全国代表大会在延安召开。图为代表们合影

    1945 年 4 月 23 日，中国共产党第七次全国代表大会在延安杨家岭中央大礼堂隆重开幕。出席大会的共 755 人，其中正式代表 547 人、候补代表 208 人，代表着全党 121 万名党员。朱德向大会致辞，他说："这次开会有一个特点，就是在我们自己修的房子里开会。"主席台上也第一次挂上了党旗，中共七大也成为党的全国代表大会历史上第一次悬挂党旗的大会。七大会期历时 50 天，共举行全体会议 21 次，是党的历史上会期最长的、举行全体会议最多的一次全国代表大会。

    七大秘书处为代表们专门制作了七大代表证；中央出版局和中央印刷厂为代表们准备了印有毛泽东手迹"实事求是，力戒空谈"的精美笔记本……这些纪念品成为了珍贵的文物。

    杨作材见证并参与了七大的召开，他自豪地说："设计七大会址，是值得一生骄傲的事。"新中国成立后，杨作材曾调任国家计委，分管城市建筑和交通，在基本建设和改善城市环境等方面做出了突出贡献。他曾多次回到延安，来到自己亲手设计的杨家岭中央大礼堂看看，告诉年轻一辈大礼堂是怎么建造起来的。

    77 年过去了，经过战火的洗礼和岁月的侵蚀，杨家岭中央大礼堂依旧风姿如初，满载着红色记忆，无声地讲述着曾经发生在这里的历史故事。

（文 / 李璐璐）

古田会议上的军装

　　灰蓝布面料，上衣的红色领章镶嵌着一圈黑边，领角已经磨出毛边，胸前两个口袋也有破损，裤子更是磨得泛白，充满了沧桑感……这套饱经岁月洗礼的衣服，就是我军第一套正式军装，目前收藏在位于福建省龙岩市的古田会议纪念馆里。

　　或许很多人感到疑惑：1927 年的南昌起义是中国共产党创建革命军队的起点，但部队为什么直到 1929 年才拥有第一套正式军装？1929 年是不平凡的一年，红四军转战赣南闽西创建革命根据地，扩大了红军队伍，第一次统一了着装，召开了红四军第九次党代会（即古田会议）。那么这套军装和古田会议又有着怎样的关联呢？

▲ 红四军军装（复制品，古田会议纪念馆藏）

为纪念列宁而设计的黑边

南昌起义打响了武装反抗国民党反动派的第一枪，揭开了中国共产党独立领导武装斗争和创建革命军队的序幕。1928 年 4 月，朱毛红军在井冈山胜利会师，合编为工农革命军第四军，5 月改称为红军第四军，简称红四军，朱德任军长、毛泽东任党代表、王尔琢任参谋长、陈毅任士兵委员会主任。

由于井冈山红色根据地的发展壮大，从 1928 年 7 月开始，国民党军一次又一次向井冈山发动"会剿"。在敌人长时间封锁下，井冈山上的红军生活面临空前困难。

陈毅在《关于朱毛军的历史及其状况的报告》里这样记述："在隆冬之际，边界丛山中积雪不消，红军衣服饮食非常困难。又因敌人封锁，红军未能到远地游击，以致经济没有出路。在此期间，红军官兵单衣御寒，日食红米南瓜，两个月没有一文零用钱。"

由于给养不足，红四军当时连吃饭都成问题，想拥有统一军装更是不现实的事情。为了打破敌人的封锁，解决经济困难，1929 年 1 月，朱德、毛泽东、陈毅率领红四军主力悄悄下了井冈山，沿着山间小路向赣南出击。

古田会议纪念馆副馆长陈金娥向记者介绍："这一路，红四军走得异常艰难和危险，不是打仗就是行军，有时甚至还要匍匐前行。"在翻越高峰时，几乎没有山路可寻，到处是嶙峋怪石和无底深渊，山风像刀子一样吹打着身体。为了保暖，红军将士只能有什么衣服就穿什么衣服。

"有穿着工人农民的粗布衣的，有穿着缴获来的国民党军军装的，有穿着打土豪得来的长袍、马褂什么的……真是各式各样，什么都有。由于长期行军打仗，这些服装十分破旧，有的甚至到了衣不遮体的地步。"陈金娥说。

1929年3月，红四军3000多人从赣南进入闽西，进驻长汀城，打土豪、分田地。随后，毛泽东将部队进行了整编：全军共分3个纵队（团），每个纵队1200人、500多支枪。

在长汀，红四军筹措到约5万元大洋。毛泽东和前委们（前敌委员会）经过讨论研究，决定用于4件事情上：一是给在上海的党中央寄去3万元，以解中央经费的燃眉之急；二是拿出500元，派红四军干部前往江西瑞金大柏地，赔偿给在大柏地战斗中遭受损失的当地群众；三是给红四军官兵每人发4元军饷，这也是红四军第一次发放军饷；四是为战士们赶制4000套军装，每人一套。

红四军自创建以来长期处于战争环境中，一直无法大量生产军装，但为了便于作战和管理，统一部队服装是非常必要的。而且此时还有一个有利的条件：红四军接收了原郭凤鸣部队的一家被服厂，厂里有12台缝纫机和一批布料。

作为闽西重镇的长汀县，手工业和商业都比较发达，许多在上海能买到的物品，在长汀也能买到。红军有了机器和布料，但军服该如何设计，用什么色调、什么款式，却没有可以借鉴的经验。

红四军前委经过反复研究论证，最终确定了新军装的款式：布料使用灰蓝色，代表天空、海洋、青黛的群山和辽阔的大地；上衣采用中山装式样，领口两边配有红领章，代表两面红旗，胸前和腰部共有4个口袋；裤子是半长的阔腿样式，配有一副绑腿；军帽参照列宁戴过的八角帽式样，正面点缀着一颗用红布做的五角星。军装还在一个细节处进行了特殊设计：在两个红领章上绣一圈黑边。

"为什么要在领章上绣黑边呢？当时正赶上列宁逝世5周年，红军用这种方式表达了纪念。这也是我军唯一一套在红领章周围绣黑边的军装。"陈金娥说。

经过毛泽东、朱德等红四军领导亲自审定，红军第一套正规军装的设计方案最终确定。几天后，4000 套军装赶制出来了，全军将士都穿上了全新的军装，精神抖擞、英姿焕发。

换发新军服后，红四军在长汀县城南寨广场举行了盛大的阅兵典礼，以整齐威武的军容接受了毛泽东、朱德、陈毅等领导的检阅。

穿着新军装参加古田会议

1929 年 12 月 28 日至 29 日，红四军第九次党代会在在距离长汀县不远的上杭县古田镇召开（即古田会议），红四军各级官兵代表们就是穿着红军第一套军装参加会议的。

这次会议可谓酝酿已久。自从红四军创建以来，大量农民和其他小资产阶级出身的同志加入了革命队伍，由于环境险恶、战斗频繁、生活艰苦，部队得不到及时的教育和整训，导致极端民主化、重军事轻政治、不重视建立巩固的根据地、流寇思想和军阀主义等非无产阶级思想在红四军党内滋长严重。毛泽东为此多次主持开展政治整顿和军事训练，极力纠正错误思想和倾向。

经过热烈讨论，大会一致通过了毛泽东主持起草的《中国共产党红军第四军第九次代表大会决议案》(即《古田会议决议》)，以及《政治决议案》《废止枪毙逃兵决议案》《接受中央指示决议案》《士兵问题决议案》等。其中《古田会议决议》确立了"思想建党、政治建军"的原则，宣示"中国的红军是一个执行革命的政治任务的武装集团"，重申了党对军队实行绝对领导的原则。会议选举产生了新前委，毛泽东重新当选为书记。

▲古田会议会址。

　　"古田会议总结了红军诞生以来的建设经验，纠正了红四军党内存在的错误思想，确立了人民军队建设的根本原则，是党和人民军队建设史上具有里程碑意义的重要会议，《古田会议决议》是党和军队建设的纲领性文献。"陈金娥说。

　　古田会议召开期间，120 多位红四军党代表、士兵代表以及地方干部代表、妇女代表参加了会议，其中包括毛泽东、朱德、陈毅、罗荣桓、林彪、杨至诚、萧克、康克清等。

　　古田会议结束后，便迎来了 1930 年的新年。为庆祝元旦和古田会议胜利闭幕，红四军在会场旁边的草坪上召开了一场军民联欢会，杨至诚与萧克共同表演了湖南花鼓戏，得到台下军民的热烈欢迎。

　　这次活动上，让大家印象最深的还是全军都穿着的红军第一套军装。如今收藏在古田会议纪念馆里的就是其中之一。历经枪林弹雨和岁月磨砺，当年的 4000 套军装如今只有这一套保存下来，因此异常珍贵。

"让红军更漂亮、更威武"

在设计和具体执行生产制造新军装任务的过程中，有一个关键人物，他就是红四军军部副官长杨至诚。

杨至诚是贵州省三穗县人，上过私塾，1921年从省立农业学校毕业后，回到家乡从事养蚕业。当时进步思潮席卷中华大地，"通过革命救国救民"的思想深深影响了他。1923年，杨至诚在重庆加入川滇黔联军，踏上了革命道路。因为有文化，他在军队中被提拔为联络官，还负责后勤保障工作。

1926年春，杨至诚随联军来到广东，考入黄埔军校第五期，同年在好友周逸群的介绍下加入中国共产主义青年团。一年后，蒋介石发动了"四一二"反革命政变。在革命的危急关头，杨至诚正式成为一名共产党员。1927年8月，他参加了南昌起义，之后南下广东作战，失利后随部艰苦转战于闽粤赣湘边界。

1928年春，杨至诚参加湘南起义，在与前来镇压的国民党军作战中右腿受伤。同年4月，他随朱德、陈毅上了井冈山，任工农革命军（后称中国工农红军）第四军二十八团一营四连连长。国民党军很快又来进攻，作战中杨至诚腹部受伤，随后在反"会剿"作战中兼任留守处主任，负责伤病员的管理工作，解决给养和医药供应。

在一次次的战斗中，杨至诚深刻意识到后勤保障对于军队的重要性。1929年3月，红四军在长汀进行整编后，他被任命为军部副官长，上任后的第一件大事，就是按照毛泽东的指示，协助军需处为全军制作军装。

为购得足够的优质布料，杨至诚找到许多布店老板协商。由于红军实行买卖公平的政策，商家很乐意为红军筹集军需物资。当时商店没有蓝灰布，军需处就与染布坊联系，把布匹染色，然后将个体分散的裁缝和接收的服装厂工人组织起来，成立了红军临时被服厂（即后来的中华苏维埃被服厂）。

在此期间，杨至诚向毛泽东、朱德提了一个重要建议：为了统一美观，给每套军装配上红领章和红帽徽。毛泽东听后高兴地说："好啊，只要条件许可，就把我们的红军打扮得更漂亮、更威武一些！"

由于时间紧、数量多、工人少、机器不够用，被服厂实行两班倒，日夜加班赶制。军需处还找到20多家私营服装店老板，委托他们帮助加工军服。不久后，4000套崭新的蓝灰色军装就发到了官兵手中。从军长到士兵，每人领到一套军服、一顶军帽、一只挎包、一副绑腿以及两双胶鞋。

这是红军自创建以来第一次统一了军装，军容军貌焕然一新。多年后，朱德在延安接受美国记者史沫特莱采访时，仍对这件事记忆犹新。史沫特莱在《伟大的道路》一书中这样写道："朱将军说，我们终于有了第一批正式的红军军装。它没有外国军装那么漂亮，但对于我们来说，可真是其好无比了。"

在之后的革命斗争中，杨至诚仍主要负责军需生产工作，组织建立了弹药、被服、纺织、鞋袜等20余个工厂，保障了中央红军各次反"围剿"作战的物资供应。1934年，他参加了长征，到陕北后任军委后勤部部长。解放战争时期，杨至诚曾任东北野战军军需部部长，为辽沈战役、平津战役提供了物资保障。

1955年，杨至诚被授予上将军衔，后任军事科学院副院长、高等军事学院副院长等职，1967年因病在北京逝世。

（文／尹洁）

穿梭在绥芬河秘密交通线上

　　站在山脚向上看去，郁郁葱葱的山林中依稀有一条小径。时值夏末初秋，小径上长满了绿绿的野草……这便是当年中共六大代表所走的绥芬河出入境通道"别勒洼交通线"遗址。

　　除了别勒洼，当时绥芬河出入境通道还有东北沟、21 号界碑等处。94 年前，中共六大代表中的一部分人正是从这些通道穿越国境线，秘密前往远方的海参崴（今符拉迪沃斯托克），再从海参崴坐火车到莫斯科。

　　在这些过境人群中，有几个特殊的身影。他们不是六大代表，却往来于中苏边境，为六大代表的安全出入境发挥了重要作用。他们就是中共绥芬河国际秘密交通站的交通员。

▲黑龙江牡丹江，绥芬河秘密交通线纪念馆。

"红色通道"的建立

1928年6月18日至7月11日，中国共产党第六次全国代表大会在莫斯科郊外五一村秘密召开。

"这是一次在特定历史条件下召开的具有重要历史意义的会议，也是中共历史上唯一一次在境外召开的党的全国代表大会。"绥芬河市党史专家王玉富告诉记者。

1927年，蒋介石和汪精卫相继叛变革命，蒋介石在南京建立反动政府，第一次国共合作全面破裂，持续三年多的大革命以失败而告终。这时的中国共产党遇到了前所未有的挑战，据周恩来在六大上所作的"组织问题报告"中统计，从1927年3月到中共六大召开前夕，被惨杀的共产党员和革命群众达34万多人。

国内白色恐怖严重，党的地方组织遭受严重破坏，中共中央一时难以找到比较安全的中共六大开会场所。1928年2月，中共中央决定报请共产国际执委会，请求批准中共六大在苏联境内召开。在此形势下，如何保证中共六大代表们安全出入境，成为中共六大召开的首要问题。

1896年，俄国强迫清政府签订《合办东省铁路公司合同章程》，决定由俄国在中国境内修筑中东铁路（以下简称中东铁路）。1903年，中东铁路全线通车，中国国内路段以哈尔滨为交通枢纽，东至绥芬河，南至大连，西至满洲里，东西两端分别与俄罗斯西伯利亚铁路接轨。在中东铁路东线，绥芬河和哈尔滨之间有4趟客邮、货物列车往来，绥芬河成为连接中俄两国的重要通道。

随着中国共产党的成立，1922 年 7 月，中共二大决定加入共产国际。不久，中共中央在中东铁路沿线建立国际地下交通站，绥芬河国际交通站以小铺子为掩护，成为中国共产党联络接头的重要场所。

在绥芬河这条国际通道上从事秘密工作的交通员们，前有苏子元、高庆有，后有赵毅敏夫妇等人。他们所经历的艰苦卓绝的斗争故事，感人至深。

1926 年，22 岁的苏子元来到绥芬河，担任光华小学校长，并在这里成立了中共绥宁特别支部，光华小学也成为中国共产党联系共产国际的交通站。同年，高庆有受党组织委派到绥芬河开展革命活动，并在东宁组建了中共东宁特别支部，担任特别支部书记。二人不畏艰险，以小学校长、铁路职工等身份作掩护，帮助从哈尔滨来绥芬河的同志，秘密穿越国境奔赴苏联。

至 1928 年，"上海—哈尔滨—绥芬河—海参崴—莫斯科"这条地下交通线已经非常成熟。

当年，六大代表们往返于莫斯科和国内的路线主要有两条：一是经哈尔滨走西方口岸满洲里，二是经哈尔滨走东方口岸绥芬河。"绥芬河坐落在中俄边境线上，因为中共六大这次会议深深镌刻下国际红色交通的印记。"王玉富说。

"刘老板"的估衣店

1928 年春，即有六大代表陆续启程前往苏联。走绥芬河路线的六大代表，由哈尔滨乘火车到达绥芬河后，先与交通站的同志接头，一般被安排在他们的家中休息吃饭。到了晚上，由苏联方面的人带路过境，途中翻山涉水，走很长时间，一般第二天早晨才能到达苏联境内的约定地点。然后六大代表们乘火车到达海参崴，再由海参崴直抵莫斯科。当时火车是烧木柴的，这几段路程需要一个多月的时间。

因为从满洲里线到莫斯科距离更近，出境时，哈尔滨接待站尽量安排六大代表们走那条路线而不走绥芬河。但六大结束后，出于安全考虑，尽量避免走重复的路线，代表们则多从绥芬河入境。

据不完全考证，六大代表中，瞿秋白、蔡畅、龚饮冰、孟坚、龚德元等19人从绥芬河出境。周恩来、罗章龙、王德三、邓颖超、李立三、蔡畅、邓中夏、杨之华、向忠发、张国焘等51人都是从绥芬河入境。

为接应六大代表回国，绥芬河地下交通线的交通员们做了不少工作。其中的典型代表之一就是以估衣店为掩护、护送六大代表入境的赵毅敏和凌莎夫妇。

据赵毅敏的女儿凌楚回忆："那是1928年冬天，我父亲从莫斯科坐火车回国，他是从绥芬河入境走中东铁路到哈尔滨，我母亲后来也经此线到哈尔滨。本来组织通知他们到上海中央局工作，我父亲也是做好了去上海的准备，可是当时绥芬河交通站的负责人资道昆受伤，急需有人去接替其工作。是去中央局还是接手交通站？当组织来征求我父亲意见时，他没有二话，表示一切听从组织的安排。"

当时，国内革命形势严峻，需要大批人员回国工作，与赵毅敏一同归国的从莫斯科东方大学、莫斯科中山大学毕业的学生共27名。为什么承担这项重任的是赵毅敏？

赵毅敏后来回忆，他回国到达中苏边境格罗捷阔沃附近时，一位苏联联络站的负责人说要两三个人先到绥芬河背一批衣服过来，因为他们穿西装过境太引人注目，回国时必须穿中国衣服。

"东北冬天积雪很深，背着东西在雪里跋涉，极为艰苦。在雪里背出一身汗，风一吹，冷得要命。"这样一项苦差事，别人不太愿意去，赵毅敏却自告奋勇，"一位来自上海的老工人，也是一名共产党员，他表示愿跟我一块去。于是，我俩过境，将中国衣服装在麻袋里，再步行背过国境"。

就这样，赵毅敏的表现得到党组织的肯定。他化名"刘老板"，和妻子凌莎受中共中央和满洲省委的委派，在绥芬河开设了一家叫"双合盛"的杂货铺（后改为估衣店），掩护、接应中共六大代表回国。

一趟危险的行程

每到夜晚，估衣店就开始繁忙起来。往来于中苏边境线的革命者，都要来这里改换行装。小店内衣物样式丰富，有俄国人的大衣、长筒靴，也有中国传统长袍、农夫的破棉袄。一批六大代表要回国了，交通员就先把中国衣服背过国境，让代表们扮成苦力与商贩等，徒步越境至绥芬河，再安全中转回国内各地。

"有一次，在迎接代表回国的时候，赵毅敏在冰天雪地里站了24个小时，终于成功将代表们顺利送回国内。当他完成任务回家时，有3个脚趾被严重冻伤。"王玉富说。

与出国时不同，六大代表的回国时间安排拉得非常长，这无疑给交通站增加了巨大的工作量。

以估衣店作掩护，交通站还担负着回国人员路线调查与选择的重任。据赵毅敏回忆，冬天，他们踏着积雪，深一脚浅一脚地实地勘查，摸清敌人在何处设哨卡、何处有重兵把守，然后选择合适的地形和路线，带领回国人员安全通过。有时，赵毅敏还将自己装扮成祭奠祖坟的当地农民，在山脚下的坟前跪下，燃起香纸，才能骗过敌人的岗哨。

在中共六大历史资料馆里，珍藏着邓颖超办公室1982年回复给呼伦贝尔盟政府的一封信。信中，邓颖超讲述了她跟周恩来、李立三等四人从绥芬河入境归国的经历。那是一个大雨天，一名白俄交通员赶着一辆拉满饲草的马车，四人藏在饲草里，昼伏夜行，终于安全越境。因为雨太大，他们的衣服和捆在腰间的文件都被淋湿了。

罗章龙也是经绥芬河归国的。从莫斯科抵达海参崴后，他在海参崴红河子的一处小山庄停留一星期，等待越境机会。

一天，山庄主人尼考夫通知晚上起程，众人穿着桦皮凉鞋越山涉水，穿过设有障碍物的沟渠，其间还曾改穿红军制服外套，最后才抵达目的地。众人正休息时，黑夜中突然闪出一个青年向导，引他们快速步入绥芬河车站，并交给每人一张当晚西行的卧铺票及旅费、途中日用品等。

身处此情此景，罗章龙不禁雅兴大发，赋诗纪行："紫霞吹野暮山焚，皂帽桦鞋夕进军。午夜星繁风正急，衔枚疾走渡绥芬。"

因为赵毅敏等交通员的掩护下，经绥芬河出入境的中共六大代表们得以安全往返。为了铭记"赵毅敏"们的故事，再现这条"红色的生命线"，绥芬河市专门为赵毅敏夫妇建立了一座公园，取名为"小裁缝公园"。

（文 / 王秦怡）

神秘的 "银色别墅"

　　莫斯科郊外西南方向约40千米的五一村帕尔科瓦亚大街18号，流水潺潺，林木参天，一栋黄白相间、古朴素雅的三层欧式别墅坐落其间。94年前，中共六大正是在这里召开。

　　这栋乡间别墅原是沙皇时代一个地主的庄园，因其白墙在阳光下耀眼夺目而得名"银色别墅"。别墅由主楼、工舍、牛马棚、花园等组成，一进院门，正中便是三层小楼，有七八十个房间，当时就作为六大的主会场。距离主会场不远的两侧林荫道边，还有几幢两层小楼，是六大代表们的临时住所。

　　2016年，在"银色别墅"原址上修复的中共六大会址展览馆正式向游客开放。六大会址不会被埋没在时光里，六大的历史也不会被人们忘记。

▲中国共产党第六次全国代表大会主席台（模拟历史场景）。
内蒙古满洲里市中共六大展览馆。

米特凯维奇的信

1928 年 1 月 18 日，中共中央临时政治局讨论召开六大的问题。会上，瞿秋白提出，为了保障会议的安全召开，建议将开会地点设在澳门，而与会多数人主张在香港开。当天的会议在这个问题上没有讨论出一个结果。

但就在 1 月 17 日，红色工会国际驻中国代表米特凯维奇，从上海给共产国际执行委员会写了一封信，信中第六部分专门谈到中共六大召开的必要性、时间、地点、要解决的问题等。

当时，大革命失败后党内思想混乱，一些人对革命前途悲观失望，甚至叛变革命，一些人又表现出盲动主义倾向，中国革命到了一个重大历史转折关头。"为了充分弄清革命的前景和任务问题，解决目前党内的状况和克服党内一切错误倾向，迫切需要召开党的代表大会。"米特凯维奇在信中表示，中共六大"应该不晚于四月份召开"，并且在苏联境内召开是最合适的。

"有关米特凯维奇的公开资料不多，但可以肯定他是个老革命了。他是立陶宛人，1915 年加入布尔什维克党，当时只有 26 岁。参加十月革命之后，他在立陶宛的苏维埃政府里担任负责人，后来到了中国。"中共中央党史和文献研究院研究员李蓉对《环球人物》记者说。

在李蓉看来，"米特凯维奇对中共六大的建议不仅是向共产国际的报告，而且对中国产生了重要影响，他在信中提出中共六大在苏联召开、出席会议人数为 100 人左右等，这些建议后来基本上变成了现实"。

▲尼古拉·伊万诺维奇·布哈林（1888—1938），联共（布）党和共产国际的领导人之一。

1928年2月22日，联共（布）驻共产国际执委会代表团召开会议，同意中共六大在苏联境内召开。因为红色职工国际四大、共产国际六大都将于春夏之际在莫斯科召开，中共方面也要派代表与会。于是，共产国际决定将中共六大会址定在莫斯科。

3月底，这项决定已经传入中国。不久，瞿秋白主持召开临时中央政治局常委会，讨论大会议程、代表人数、代表出身等问题。

据周恩来所做的记录，这次会议共产生瞿秋白、李立三、邓中夏等在内的六大代表75人。但实际上，因为情况复杂，出席中共六大的代表达到142人，其中有表决权的正式代表为84人，还有一些是指定及旁听代表。比如，时任中共湖北省妇委会委员的李文宜，因丈夫罗亦农刚被国民党反动派杀害，痛不欲生，瞿秋白夫人杨之华便动员她去莫斯科散散心。李文宜不是正式代表，被指定为旁听代表。

没有姓名，只有编号

按照共产国际的决定，1928年4月末，瞿秋白、周恩来等立即赴莫斯科，和共产国际东方书记处共同筹备中共六大的召开。他们冒着生命危险，穿过茫茫的西伯利亚，抵达莫斯科时已是5月中旬。为了避免过于引人注目，其他代表则相继分批秘密前往。

此时，距离中共六大召开不足两月。据李蓉介绍，共产国际东方书记处下属的中国分部主任米夫，在中共六大的筹备与组织方面作出了一定贡献。早在3月份，中共六大确定在莫斯科召开后，米夫就迅速组建了"共产国际中共六大工作委员会"（以下简称工作委员会）。

工作委员会在与会人员的接待和安保上作出了详细安排。当代表们乘坐的火车抵达莫斯科后，先等其他乘客出站，再坐上直接开进站台的汽车前往五一村，一路上车子必须挂上窗帘。等到了目的地，代表们要立即换上列宁服或西装，报到时用数字编号相称，一律隐去真实姓名。连大会的记录，也只有发言人的编号，如瞿秋白的编号为21号、周恩来为22号。

会议前夕，工作委员会再三督促会议服务人员严守机密，不得向包括朋友在内的任何人透露一丁点消息。有服务人员曾回忆：被征调之前，不知道去哪里，也不知道具体去干什么，到了会址才知道是为六大工作。为了防止大会文件泄密，负责草拟、抄写、刻印文件的工作人员被要求各自负责其中一部分，禁止他们"了解文件全貌"。此外，工作委员会还特别要求，"大会进行中不对外发表新闻"。

遴选会议工作人员，也是筹备工作的大事。当时，米夫身兼莫斯科中山大学的校长，中山大学有不少来自中国的留学生，对中国革命比较熟悉，工作委员会从莫斯科中山大学挑选了不少学生，由他们负责大会文件的抄写刻印工作。为了让代表们在舒适的环境中开会，大会还安排了专门的翻译、医务人员、文艺工作者、厨师。

"会上氛围特别好"

"要讨论共产国际对六大的指导，有一个人虽然没到场，但他不仅是大会主席团成员之一，也在六大召开前就定下了大会的大致方向。"李蓉说。

这个人就是斯大林。1928 年 6 月 9 日，斯大林秘密接见中共领导人瞿秋白、苏兆征、李立三、周恩来等人。据周恩来记录，斯大林谈到瞿秋白为六大撰写的政治报告，指出：秋白报告中，许多地方是对的，可是也有错误。现在，中国革命的形势不是已经处于高潮，而是两个高潮之间的低潮。话音刚落，李立三当面辩驳，称各地还存在工农斗争，革命形势仍是高潮。为了解释自己的观点，斯大林在纸上画了几条波浪，然后在波浪的最低点描绘了几朵浪花，说"在低潮时也会有几朵浪花，你说的那些只是浪花"。

斯大林指出中共当前的工作重点，是加强党的坚固性，增强党员政治觉悟，做好群众工作、农民工作、知识分子工作以及反对军阀的工作等等。

6 月 14 日和 15 日，斯大林又委托共产国际负责人布哈林主持、召开中共六大代表座谈会。瞿秋白、苏兆征、周恩来、蔡和森等 21 人出席，就中国革命的形势、大革命失败的经验教训和党在今后的任务方针等进行了热烈的讨论。在李蓉看来，这实际上是一次小范围的预备会议，为了统一党内认识。

如今的中共六大会址展览馆二楼，已基本恢复成当时召开时的模样，主席台的长桌上铺着雪白的桌布，主席台上方悬挂着用中俄双语写的"中国共产党第六次全国代表大会"的红色横幅，台下是六排棕色长条木凳。李蓉告诉记者，预备会议三天后的 6 月 18 日，中共六大就在这里召开了。

当天，布哈林作了长达 9 小时的《中国革命和中国共产党的任务》报告。6 月 20 日，瞿秋白代表第五届中央委员会作了《中国革命与中国共产党》的政治报告，也长达 9 小时。从 6 月 21 日至 28 日，代表们用 7 天时间讨论这两份政治报告。6 月 29 日，布哈林和瞿秋白分别作了政治报告的总结报告，结合代表的讨论，确定了党的方针政策。

"会上氛围特别好，大家发言很踊跃。海南代表、中共琼崖特委委员曹更生讲到海南岛的居民数、党员数、革命过程等，等他讲完了，大家提出一连串的问题：海南农民有没有重新分配土地的要求？海南有没有建立苏维埃政权，有多少红军战士……"李蓉说。

从 6 月 30 日到 7 月 7 日，周恩来作组织报告和军事报告，李立三作农民问题报告，向忠发作职工运动报告，大会先后讨论通过了关于政治、军事、组织、苏维埃政权、农民、土地、职工、宣传、民族等问题的决议，以及经过修改的《中国共产党党章》。六大选举产生了新的中央委员会：中央委员 23 人、候补中央委员 13 人。

"中共六大的路线基本上是正确的，明确了中国革命的性质、任务、前途、动力、阶级关系这些根本问题，尤其是提出当时的革命形势是处在两个革命高潮之间，要把群众路线作为党的总路线。"李蓉总结，"但共产国际对于中共六大的指导也存在不足，如领导机关的工人化、对知识分子干部的过分批评等。要看到共产国际为推动中国革命付出的努力，也要看到他们造成的不好影响。"

（文／王秦怡）